www.tredition.de

AF204238

Thomas Korell

Das hier will keiner lesen

Postmoderne Vorkriegslyrik
des 21. Jahrhunderts

© 2021 Thomas Korell, Schkölen (TH)

Umschlag, Illustration: Thomas Korell
Titelbild: pixabay („drei Affen, das alte Symbol")
Lektorat, Korrektorat: Barbara Korell

Verlag & Druck: tredition GmbH, Halenreie 40-44, 22359
Hamburg

ISBN
Paperback   978-3-347-36124-9
Hardcover   978-3-347-36125-6
e-Book   978-3-347-36126-3

Inhalt

Die Pest
Feuer
Ist doch logisch
Pyrrhussiege
Was es nicht alles gibt
Vive la revolution
Hauptsache gelöst
Na bitte
Wahrlügien
Nimmersatt
Irgendwie vertauscht
Rechtsspruch
Tausend Wunder
Ökologie
Tyrann
Stadtlandfluss
Troia
Eindurchander
www
Ohne Gewähr, dafür mit Spiegel
nah beieinander
Wo ist da der Unterschied?
Sicherheit geht alle etwas an
Ein einfaches Selbergedicht
Kontext
Kontrast
Schade
Willkommen im 21. Jahrhundert
Selbstgespräch eines Tyrannen
Kein Durchblick
Ohne Überschrift
Herzenshoffnungstrost
Medienmacht
Sphärenklänge
Was denn noch… ?

Auf eine Angabe von Seitenzahlen im Buch wurde verzichtet, da Vorgaben und Ordnungen aller Art in postmodernen Zeiten zunehmend unerwünscht sind.

Jeder geneigten Leserin / jedem geneigten Leser bleibt es vorbehalten, sich die Seitenzahlen selbst nach Wunsch auszusuchen und entsprechend zu ergänzen.

Das hier will keiner lesen. Wer ist das bloß gewesen?
Das hier will keiner hören. Da will uns einer stören.
Das hier will keiner sagen. Zu unbequeme Fragen.
Das hier will keiner wissen. Die Harmonie zerrissen.
Das hier darf keiner sehen. Er würde sonst verstehen.

Herbstgedanken - Gedankenherbst

Nebel kann erhellen. Aber auch verdunkeln:
den Sinn, das Licht, die Wahrheit, die Sicht.
Kerzen können erhellen. Aber auch vernebeln.
Nebelkerzen.

Wirft man Licht in den Nebel, scheint es heller zurück.
Doch am Tag wird es verschluckt.
Schluck um Schluck, Strahl um Strahl.
Taglicht.

Nebel verschleiert die Sicht auf das Licht.
Nur ohne Licht sieht man den Nebel nicht.
Tag für Tag, Nacht für Nacht.
Nebeltag.

Licht der Wahrheit ergibt einen Sinn.
Ein Strahl, der selbst den Nebel durchdringt.
Kein Schleier verdunkelt die Sicht auf die Kerze.
Kerzenlicht.

Der König trägt die Krone

Der König trägt die Krone. Wem sonst gebührt die Ehre?
Doch ruft der Kuckuck rückwärts seinen Namen,
wird Beliebiges zur Wahrheit. Es ändert sich im Morgen-
Grauen.
Wer trägt die Krone? Was ruft der Kuckuck zum
Kuckuck nochmal?
Geld fließt und wird geflossen – und genommen von den
Falschen.
Ist Wahrheit erst beliebig, wird der Kuckuck König.
Die Krone braucht er nicht, er legt sie in ein falsches Nest.
Als wär's ein Ei, viel größer als die richtigen.
Dadurch entsteht Verdrängung, solange Betten frei sind
in grauen Häusern.
„der Tod ist ein Meister aus Deutschland", schrieb Paul
Celan einst in seiner Fuge.
Gut, dass alles besser wird. Der Tod ist ein Meister in
Deutschland.
Die anderen sind gerettet. Das ist doch das Beste.
Der Kuckuck sucht die Krone, will sie wieder haben. Er
braucht sie.
Wo sollen die Falschen hin mit dem genommenen Geld?
Sie wissen es nicht. Die Nester sind zu klein.
Wenn die Betten belegt sind, kommt der Tod und führt
Strichliste.
In der Fuge käme jetzt die Wiederholung, weil alles im
Fluss ist.
Ist der Richtige noch König? Oder wurde es ihm auch
genommen? Der Kuckuck lacht.
Er gibt dem Meister die Krone, aber nur zur Anprobe.

Dafür kennen die Richtigen die falsche Wahrheit nur zum Spaß.

Ehre ist verschwunden. Sie lag erst neben der Krone im falschen Nest.

Dann wurde es dunkel. Und wieder ist ein Spiel zu Ende.

Der Meister gibt die Krone nicht mehr her. Der Kuckuck lacht lauter.

Er braucht sie nicht mehr. Das Genommene ist ins Nest geflossen.

Als wär's ein Ei, viel größer als die richtigen.

Der Meister strengt sich wirklich an. Der König schaut zu.

Die andern sind ja schon gerettet durch die Besten.

Wie soll es nach dem gegrauten Morgen erst am Abend werden?

Reichen die Betten für die Richtigen? Das schöne Geld!

Schade drum, aber der Kuckuck lacht ja noch.

Zuletzt lacht sowieso nur einer. Der Meister wartet.

Er gibt die Krone weiter an den Knecht. Mein lieber Specht.

Hier kommt ein neuer Vogel ins Spiel.

Der schaut mehr oder weniger behutsam, was unter der Borke ist.

Sind noch richtige Maden versteckt?

Treffen sich heute alle beim Spanferkelessen?

Dem Meister wird die Krone unweigerlich zugestanden.

Er hat sie auch verdient. Die Strichliste wird länger.

Das Festessen erfreut sich großer Beliebtheit.

Da staunen selbst die Falschen über die Maden.

Es gibt wieder freie Betten. Der Kuckuck ist jetzt müde.

Hauptsache, der richtige König weiß nicht, wo die Krone ist.

Ausweg

Das Herz klopft, pocht, zerwartet sich in Ungeduld und
Sehnsucht.
Liegt die Antwort auf der Straße oder in einem Tresor?
Wer findet sie, offen oder doch unter Verschluss?
Das Herz entscheidet und kommt ganz
durchzweinander.
Denn morgen bereits kommt ein neues Angebot.
Besser und billiger zu haben vor allem.
Schon wieder muss die Entscheidung fallen.
Fürs Herz eine großmächtige Verquälung.
Sind Sinne im Sinne des Sinns sinngemäß sinnvoll?
Mündert der Fühlung nicht Hörung und Sehung?
Wird Wissen wissentlich Gewissheit und Wissung?
Doch Glücksfreude ähnelt beinahe dem Pechleid.
Die Sucht nach dem Sehn und die Duld nach dem Ge
sind aufentlöst und widersprechen sich redlich.
Wer führt das Entmeinsamte mit zur Vereinung?
Bringt Heilsamung in die Zerrütthaftigkeit?
Was tut das Herz bloß in der Zwischendurchzeit?
Es klopft, pocht, ersehnt sich die Ruhe geschenkt.

beantwortete Fragen

Warten ist weiß nicht genau wann.
Zweifeln ist weiß nicht genau was.
Suchen ist weiß nicht genau wo.
Verlieren ist weiß nicht wohin.
Vermehren ist weiß nicht wieviel.
Verlieben ist weiß nicht wer sonst.
Kommen ist wissen woher.
Zielen ist wissen worauf.
Fragen ist wissen wozu.
Versichern ist genau wissen wie.
Vermissen ist genau wissen wen.
Vergeben ist genau wissen wem.

unbeantwortete Fragen

Wer weiß wie was wo ist?
Wer weiß wer was vermisst?
Wer weiß wer wen vergisst?
Wer weiß wer wen so frisst?
Wer sieht wie was so ist?
Wer sieht wer wen wo misst?
Wer sieht wer wie vergisst?
Wer sieht wer was verfrisst?

Schicksal des Widerstandes

Nach dem Krieg, hinterher, ist man meistens schlau.
Vor dem Krieg, wissen es nur Wenige genau.
Nach dem Krieg werden viele Denkmäler gebaut.
Hätte man doch früher bloß ihrem Wort vertraut.
Nach dem Krieg werden sie im ganzen Land verehrt.
Das nötige Gehör, es wurde ihnen einst verwehrt.
Sie flehten, riefen, warnten vor dem tödlichen Gericht.
Doch Querulanten, Dissidenten traut und glaubt man
nicht.
„Die gehören weggesperrt!" Gefängnis, Psychiatrie,
gelyncht, erschossen, aufgehängt, gefoltert hat man sie.

Heut ist das anders. Freie Meinung steht groß auf dem
Papier.
Wir sind, Gott sei Dank, aufgeklärt, zumindest wir, hier.
Natürlich gibt's noch einige, die wirken recht verstaubt
in ihrem Kopf; gut, wenn man denen nicht gleich alles
glaubt.
Die können nichts beweisen, nur hypothetisches
Geschwätz.
Schließlich lebt sich's gut und friedlich im Hier und Jetzt.
Wir brauchen keine Unruhe und keine Fantasie
in unserer harmonischen Wohlfühlanarchie. –
Hmm, eine Frage schleicht sich immer wieder an mein
Ohr:
Leben wir noch in der Nachkriegszeit oder schon wieder
davor?

Verben mit Konjunktion

Geschenkt bekommen muss Annehmen folgen,
Auspacken, Entdecken, Gebrauchen oder Umtauschen.

Augen zu und durch

Bedauert euer Missgeschick! Kommt es von ungefähr?
Wo ist jetzt nur der Weg zurück? Von wo kommt Hilfe
her?
Einbahnstraßen enden nie mit einem Wendehammer.
Wir geben Gas, kein Schulterblick und fliehen vor dem
Jammer.
Versuchen es zumindest noch, solang der Vorrat reicht.
Wer ist der sonderbare Typ, der unsrem Fahrer gleicht?
Bis wir's erkennen, ist's zu spät. Der Abgrund ist in Sicht.
Das Sternenschicksal taugt nicht mehr. Ein Stoppschild?
Kenn ich nicht.
Stattdessen heult der Motor auf, ein Fest ist angesagt.
Wer zuschaut, der ist selber schuld. Ich habe es gewagt.
Ich prüfe wieder, wer ich bin. Das muss gestattet sein.
Und der verdiente Hauptgewinn gehört mir ganz allein.
So bleibt es doch ein guter Tag, trotz manchem
Missgeschick.
Am besten ignorier ich das, genieß das kurze Glück.

Columbus

Erschaffen, um Neuland zu finden, erweitern sich
Schritte.
Grenzen verschieben sich und Türme wachsen empor.
Aussicht zeugt Hoffnung, ermuntert zu weiteren Taten.
Momente fallen vom Himmel wie selten zuvor.

Gewesenes zeigt sich im Schleier des Nebels und
trotzdem vertraut.
Längen und Breiten umspannender Fäden verbinden die
Zeit.
Künftiges winkt aus der Ferne und harrt der Enthüllung.
Ewig jedoch ist, was stetig im Himmel verbleibt.

Partizipientreue

aufgewühlt empört stillgelegt verstört
wahrhaft kalkuliert graziös denunziert
entsündigend betört glamourös verwirrt
unterkühlt belogen dezimiert bewogen
meisterlich verführt erwartungsvoll gekürt
anfänglich berechtigt absolut verdächtig

ausgekühlt gedörrt stillgefegt verhört
wahnhaft kolportiert grazil destruiert
entmündigend bekehrt amourös verirrt
unverhüllt bezogen dezidiert betrogen
meistehrlich verliert erbarmungsvoll berührt
anständig genächtigt resolut allmächtig

Gescheitert

Das Band, das uns hielt, ist zerrissen.
Bekam Löcher, wurde zerschlissen.
Wir waren es, weil wir nicht lernten
von denen, die's nicht mehr lernten
von denen, die's nicht mehr gekannt.

Der Moloch frisst wieder, frisst weiter.
Ein Ross wird gesattelt vom Reiter.
Das Feuer, es ist zwar erloschen,
doch zur Ernte wird alles gedroschen:
Die noch wachsen und die schon verbrannt.

Die Dinge entschwanden, verblassten.
Es gab immer mehr, das wir hassten.
Die Sichel zerschnitt alle Ähren.
Der Rest reichte kaum zum Verzehren,
geschweige denn für einen Kranz.

Der Wille regiert die Gedanken.
Der Sicherste kommt gar ins Wanken.
Das Band, das einst hielt, ist zerrissen.
Wir werden es schmerzlich vermissen
und sterben in blendendem Glanz.

Fortschritt

Die aufrecht gehenden Affen analysieren ihre
chemischen Substanzen.
Sie finden Gemeinsamkeiten und Unterschiede, Letztere
bedeutungslos,
schießen Elemente durch den Mikrokosmos
und verändern nach Belieben die Ketten.
Hoffentlich halten sie, was sie versprechen.
Da sowieso alles Zufall ist, ist die Trefferquote ziemlich
egal.
Hauptsache, die Höhe des Geldes wird nicht per
Zufallsgenerator ermittelt.
Wissen wird geteilt. Ist es damit nur noch halb so viel
wert?
Was sonst ist mit Teilen gemeint?
Auch Elemente sind Teile – von etwas Ganzem.
Auch Affen sind Teile – ihrer Horde.
Auch Ketten bestehen aus Teilen. Jedes davon ist
unentbehrlich.
Und falls Hegel Recht hat, dann ist auch dieses Gedicht
ein Teil – des großen Naturgeistes.
Wer hat denn nun Recht? Und was ist Trumpf?
War das nicht mal der Kreuz-Bube? Oder die Kreuz-
Dame, je nach Spiel.
Ach, was sind die Brettspiele heute komplex geworden
und strategisch.
Da war Mensch-ärgere-dich-nicht noch viel einfacher.
Jeder musste seine vier Hütchen ins Ziel rücken
anhand der Ergebnisse eines sechsseitigen
Zufallsgenerators.

Am Ende hat aber doch nur einer gewonnen wie bei den heutigen Spielen.

Kennen wir eigentlich unser Spiel? Und wer war noch gleich der Kreuz-Bube?

Faszinierend, sich über so wesentliche Dinge Gedanken zu machen.

Faszinierend und fantastisch zugleich.

Fantastisch kommt von Fantasie.

Und die hat's hier dringend nötig, wenn man das hier verstehen will.

Aber falls das hier alles nur zufällig aufgeschrieben wurde, rein biochemisch bedingt,

(was man bei der dreimaligen Wiederholung des Wortes „hier" fast vermuten könnte)

dann hätten zumindest die aufrecht gehenden Affen wieder einmal Recht.

Virtuelles

Eben habe ich einen prächtigen Regenbogen durchs Fernglas betrachtet. Er ließ sich nicht scharf stellen.

Perspektiven

Kinder sind einzigartig! Ihnen gehört die Zukunft.
Viele von ihnen erleben unbeschwert die ersten Jahre
ihres Daseins.
Sie lernen die Dinge und Umstände kennen wie sie sie
vorfinden.
An Löchern in der Straße haben sie keine Schuld.
Nur an denen in der Hose sind sie nicht ganz unbeteiligt.
Sie haben kaum Probleme damit, sich im patchwork-
Dschungel zurechtzufinden und kennen die Namen aller
Mamas, Papas und Halbstiefgeschwister.
Und dann erst die Rücksicht, die auf ihre individuellen
Interessen und Begabungen genommen wird,
bei 20 Kindern in der Kita-Gruppe und 30 im
Klassenraum.
Der Weg ins dezent betongrau gehaltene Schulgebäude
führt sie zweimal täglich am frisch renovierten Rathaus
vorbei.
Zum Glück sind die Wege unbeleuchtet. Da sieht man
zumindest im Winter die abbröckelnde Fassade an der
Turnhalle nicht.
Die Vorteile müssen nur mal erkannt und zur Sprache
gebracht werden.
Die Zukunft der Kinder ist gesichert. Mal sehen, wer es
bis ins Rathaus schafft.

Jahrmarkt der Gefühle I

Der Jahrmarkt der Gefühle ist in der Stadt erstmals zu
Gast.
Er beginnt pünktlich mit dem Sonnenaufgang ohne Hast
und hält sein Angebot bereit, solang jemand Interesse
zeigt.
Die einzelnen Stände präsentieren ihre Waren auf
unterschiedliche Weise.
Einer forsch bis aggressiv, ein anderer eher
zurückhaltend und leise.
Großes Gedränge herrscht vor allem bei den
Billigangeboten.
Allerdings sind diese vom Umtausch ausgeschlossen,
koste es, was es wolle.
Wer zuerst kommt oder wer sich darüber am meisten
ärgert, spielt keine Rolle.
Manche Artikel gibt es zum sofort Essen, andere sind
dick eingepackt,
manche unterm Ladentisch versteckt, andere mit
Nachgeschmack.
Einfach zuschauen und das Spektakel genießen. Welche
Freude, welche Wonne.
Mitten auf dem Platz steht übrigens eine Achterbahn.
Sie ist, unschwer zu erraten, die Hauptattraktion.
Alle wollen mit einsteigen.
Kein anderes Fahrgeschäft ist für diese Art von Markt so
prädestiniert.
Interessant wird es auch beim Bezahlen.
Der eine opfert seinen letzten Cent, um überhaupt etwas
zu kriegen.

Der nächste verschleudert Tausende, die dann in die Lüfte fliegen.

Kredit gibt jeder gern; schließlich ist der Schuldner immer der beste Kunde.

Bevor der wütend davonspringt, bekommt er sein Extrabonbon.

Und einen vorgedruckten Glückwunschbrief zum Geburtstag (als Dialogpost)

mit aktuellen Extrakonditionen und Gewinnchance auf die Extramillionen – mit portofreiem Rückumschlag.

Was tut man nicht alles, um seinem Nächsten zum Pech zu verhelfen.

Bald ist Weihnachten.

Bis dahin bleibt der Markt auf jeden Fall geöffnet, sogar mit Extrabeleuchtung.

Während dieser Zeit ist im Preis eine Umtauschgarantie mit inbegriffen.

Das sei jedoch die einzige Ausnahme, erklärt der Veranstalter ohne Anflug von Reue oder Scham.

Ansonsten heißt es: richtig entscheiden, weniger leiden.

Ein heikles Thema; es wird nur selten darüber diskutiert.

Offen schon gar nicht, wenn, dann hinter vorgehaltener Hand, heimlich also.

Aber das passt zum Fest, genau wie zum Rest, dem Jahrmarkt der Gefühle.

Jahrmarkt der Gefühle II

Außerordentlich, unbeschreiblich waren die Reaktionen des Publikums unmittelbar nach der Schließung des Jahrmarktes. Soll zum einen heißen enthusiastisch ob des völlig unerwarteten Erfolges, zum anderen tumultartig, weil die Menschen unter gar keinen Umständen akzeptieren wollten, dass der Markt nun für eine ganze Weile beendet sein sollte. Doch der Reihe nach.

Der weithin spürbare, positive Effekt war die zunehmende Ausgeglichenheit und Gelassenheit in der Bevölkerung. Hochzeiten waren nicht mehr so überschwänglich lustig, dafür die Trauerfeiern nicht mehr so unfassbar traurig. Ausgeglichener eben, so als wenn zum Beispiel bei einem Fußballspiel, in dem eine Mannschaft haushoch überlegen ist, was sich auch im Spielstand niederschlägt, der schlechteste Spieler der unterlegenen Mannschaft mit dem stärksten des führenden Teams in der Halbzeit das Trikot tauscht, um dann beim jeweiligen Gegner mitzuspielen, aus Fairnessgründen halt.

So wie auch in der Schule: Damit der schlechteste und der beste Schüler sich im Leistungsniveau angleichen, muss logischerweise der gute Schüler schlechter werden, denn andersrum geht es ja nicht. Wenn es gehen würde, dann wäre der Schlechteste ja nicht der Schlechteste, oder? Aber jetzt schweifen wir endgültig vom Thema ab.

Die potenzielle Kundschaft, und das waren nun einmal fast alle Einwohner der Stadt, setzte alle Hebel in Bewegung, um den Markt wieder auferstehen zu lassen: Eingaben beim Ordnungsamt, Petitionen beim Bürgermeister, Flugblätter, Kettenbriefe per E-Mail und sogar die sozialen Netzwerke liefen heiß. „Wir fordern die Wiedereröffnung unseres Jahrmarkts", hieß es lautstark auf allen Straßen, in allen Gassen. Der Erfolg dieser Aktionen ließ nicht lange auf sich warten.

Seit heute früh hängen die ersten Veranstaltungsplakate mit der Bekanntgabe des Eröffnungstermins. Und seit heute früh gibt es kein Halten mehr. Obwohl der Markt erst in drei Wochen beginnt, machen sich die ersten bereits auf den Weg zum Marktplatz und versuchen mit Klappstühlen und Sitzkissen die besten Plätze zu reservieren. Bei aller Euphorie wagen sich jetzt auch die Besonneneren aus der Deckung und beginnen im Vorfeld durch konstruktive Kritik die Qualität des anstehenden Jahrmarktes noch zu erhöhen. Die Anregungen zielen vor allem darauf ab, das Treiben übersichtlicher zu gestalten, beispielsweise durch eine emotionale Sortierung der einzelnen Marktstände. Um den Genuss der meist frischen Waren zu verlängern, so ist von anderen zu hören, möge das bisherige Angebot um einige Artikel aus dem pharmazeutischen Labor erweitert werden. Um auch hier wieder Fairness walten zu lassen (vergleiche das oben beschriebene Fußballbeispiel), bedürfe es aber auch dringend eines homöopathischen Standes, so argumentieren wieder andere. Spontan entscheidet sich der Veranstalter und verspricht die Aufstellung eines Getränkespenders mit Leitungswasser zur kostenlosen Nutzung. Unmut und Empörung machen sich bei denjenigen breit, die diesen letzten Vorschlag eingebracht haben. „Frechheit, Frechheit", skandieren, ja krakeelen sie lautstark bis in die Nachmittagsstunden. Ob sie sich bis zum Marktbeginn wieder beruhigt haben werden?

Doch diesem kleinen Vorfall zum Trotz ist die Vorfreude in der Stadt riesig, die Begeisterung förmlich zu spüren und sicherlich wird mit jedem Tag die Erwartung weiter ansteigen, bis sie schließlich ein Höchstmaß erreicht haben wird, das alles bisher Gekannte weit in den Schatten stellt. So lasst ihn denn auf ein Neues beginnen, den Jahrmarkt der Gefühle.

abgehackt

Zeit dreht geht steht kaputt warum
feiert erhaben Gemeinschaft feiert sich selbst
Leben steht dreht geht kaputt wozu
erfriert ergeben Zusammensein jeder für sich
Gewalt drückt rückt zückt kaputt wieso
vergeht verdunkelt Gemeinsamkeit jeder sich selbst
Tod zückt drückt rückt kaputt weshalb
feiert begraben Einsamkeit feiert allein

Sinnspruch

Wenn der Sinn im Unsinn versteckt ist und die Kenntnis in der Unkenntnis, genauso wie die Kosten in den Unkosten, dann ... ach, denken Sie sich das Ende doch einfach selbst aus!

Bildungsoffensive

Schulkreide ist zum Werfen weit besser geeignet als ein aufgeblasener Luftballon. Die Flugeigenschaften beider Gegenstände könnten aber in der Schule beispielsweise zu Bildungszwecken miteinander verglichen werden. Dies setzt jedoch den Willen voraus, aus den Ergebnissen die richtigen Schlüsse zu ziehen. Nicht, dass hinterher jemand auf die Idee kommt, zu behaupten, der Ballon wäre manipuliert gewesen oder die Kreide hätte man zum an die Tafel Schreiben viel zweckentsprechender verwenden können. Natürlich stimmt das zum Teil, aber wo kein Wagnis eingegangen wird, gibt es eben auch kaum Erkenntniszuwachs. Und schließlich soll Schule doch Spaß machen. Und besser Kreide nehmen als die neue, ohnehin etwas anfälligere Universalfernbedienung. Erstaunlich, was Isaac Newton schon alles wusste.

Bedauerlich

Das Bedauerliche an der ganzen Sache ist doch immer wieder nur, dass das Ende so leicht vorhersehbar ist.

Werbung...

...hat mich schon als Kind fasziniert. Denn ich gehöre zur Generation des „Hustinetten-Bärs". Waschmittel wuschen „nicht nur sauber, sondern rein" und sogar „weißer als weiß". Und „Dienstag ist Schwienstag" – autsch. Die gute alte Zeit. Was mich betraf, ich wollte als Kind unbedingt Werbetexter werden, so wie andere Feuerwehrmann. Der Wunsch bestand vielleicht zwei oder drei Monate, ich weiß es nicht mehr genau, aber wenn ich so darüber nachdenke, was daraus hätte werden können...

Ich hätte die Dimensionen erweitert, die letzten Grenzen überwunden, die ultimativen Ketten gesprengt. Werbung macht ja im Grunde nichts anderes, als beim Verbraucher ein Problem, sprich Bedürfnis (plus schlechtes Gewissen) zu erzeugen, dessen er sich erstens bis dahin noch gar nicht bewusst war und welches sich zweitens innerhalb der nächsten 20 Sekunden, der Dauer des Werbespots, in Wohlgefallen und Zufriedenheit (plus gutes Gewissen) auflöst. Alles klar? Falls nicht, es besteht die Möglichkeit, den letzten Satz noch einmal zu lesen. Ich mache dafür jetzt auch extra eine kurze Werbe-, ähh, Schreib- P A U S E !
Also, Werbung macht ja im Grunde nichts anderes, als ... nein, das hatten wir bereits ... ich hätte die Pause doch nicht machen sollen ... es ist gar nicht so leicht, danach den Faden wieder aufzunehmen. *(kurzer Seufzer)*

Also (das Wort übernehme ich nochmal vom vorigen Absatz) die Ketten, ja die gesprengten Ketten. Jetzt bin ich wieder drin! Die Bedürfnisse, darauf wollte ich hinaus, können gar nicht skurril genug sein. Wenn ich den Druck auf die Konsumenten sukzessive steigere, zum Beispiel durch eine Erhöhung der Sendehäufigkeit des Werbeclips, dann glauben die am Ende schlichtweg alles.

Nehmen Sie die Milch als Beispiel. Was da wohl alles drin sein mag. Milch ist ein Naturprodukt – da ist alles drin. Es gibt nichts, was da nicht drin ist. Das gesamte Universum bildet sich darin ab. Milch ist der Ursprung, der Grundstoff, der ins Leben führt. Aus Milch lässt sich Joghurt herstellen und Käse und Butter und „Kinder-X" (X ist der Name eines auf der Südhalbkugel wild-lebenden, flugunfähigen, aufrecht watschelnden Vogels, der über ausgezeichnete Fähigkeiten als Taucher verfügt und seinen Nachwuchs in zum Teil riesigen Brutkolonien aufzieht. Bitte den letzten Buchstaben des Vogelnamens streichen). Sie sehen, in Milch muss einfach alles enthalten sein, wenn so viel Verschiedenes daraus entstehen kann. Ich als Werbetexter würde deshalb auf gar keinen Fall unerwähnt lassen, dass es auch bei der guten alten Milch zu ständigen technischen Neuerungen kommt, die ihre Qualität ins Unermessliche steigern. Die von mir beworbene Milch wäre daher auf jeden Fall „noch bleiärmer und jetzt auch cadmiumreduziert"! Was sagen Sie? Ist das der Sprung in die letzte noch mögliche Dimension der Menschheitsverblödung? Nein? Aber Sie müssen zugeben, dass ich damit zumindest eine neue Verschwörungstheorie auslösen würde. Da bin ich mir nun aber wirklich ganz sicher.

Applaus

Für den Künstler ist es von allergrößter Wichtigkeit, dass beim Betreten der Bühne nicht nur ein Scheinwerfer vorhanden ist, sondern viele Scheinewerfer. Münzwerfer dagegen wären nicht zu empfehlen wegen der damit verbundenen Verletzungsgefahr.

Rollenspiel

einer darf verwüsten einer darf bemalen einer darf bestellen einer darf bezahlen einer darf bedienen einer darf beschmieren einer darf beschmutzen einer darf verzieren einer darf verbieten einer darf verwöhnen einer darf verwehren einer darf versöhnen einer darf vergessen einer darf behalten einer darf verlieren einer darf verwalten einer darf bedrücken einer darf behandeln einer darf bewahren einer darf verwandeln einer darf verseuchen einer darf verputzen einer darf versichern einer darf benutzen einer darf verklagen einer darf berichten einer darf verschwenden einer darf verzichten einer darf vergeben einer darf verdrießen einer darf verzögern einer darf beschließen einer darf beginnen einer darf beklagen einer darf besiegen einer darf versagen einer darf beleben einer darf betören einer darf erretten einer darf zerstören

Immer Prometheus

Erhebt euch heraus, bewegt euch hinaus in die Lichtung!
Belebt euch, bestrebt euch, begebt euch hinfort in die
Richtung!
Was zögert ihr noch? Behutsam, doch merkt die
Gewichtung.
Und spürt ihr es erst, dieses Schweben durch große
Verdichtung.

Verteilt miteinander, verweilt ineinander verwoben,
bereit füreinander, drum eilt zueinander nach droben.
Woran denkt ihr noch? Geruhsam, doch seht euch
erhoben.
Und spürt ihr es erst, dieses Glück sich dem Glück zu
verloben.

Erhellt euren Sinn, verstellt dem Gewinn nicht die
Räume.
Erzählt euch, erwählt euch, kommt schnell zum Beginn
eurer Träume.
Was hindert euch noch? Genügsam, doch nicht mehr
versäumen.
Dann spürt ihr es erst, dieses Herrschen im Glanz der
zwei Bäume.

Delirium

Seele zergriffen durchrissen entwühlt und begiftet
entlebend ausflößend vielkürlich zerrottend im Schmerz
stumm kreischend nicht hörbar unsäglich entfühlt und
erblichen
groteske Verzerrung Verzehrung Gedanken entschlichen
Seele entsehnt enthofft einfurchtsvoll heillos bedrungen
entglaubend zerlösend mit schrillem entsetzendem
Schrei
hinfließend aufquetschend durchschnürt und zerfasert
versteckt
umdrehtes Gefühl nicht zu deuten mit Stichen bedeckt
Seele umschwadet voll Grauen erschreckt und vergessen
erfrierend zerkocht in dem Trugtraum Därmonen ins
Herz
zernichtet enthauchend einringend nach Atem zerstoßen
ausquälend durch Enge hinein in ein sausendes Tosen
Seele entfahren beklommen eintobend bemartert
aufdeckend entblößend einspürbar verhaftet im Leid
umkreisend verdrehend im Kreisel der heischenden
Sorgen
Seele erdenke, den Tod siehst du vielleicht erst morgen

Allergiealarm

Wer kann schon Genüsse genießen, wenn er beim Genuss
von Nüssen niesen muss?

Geheimverschwörung

Entäußerung schwenkt unverzeihlich hinüber zum
Taumel
Ekstase gewöhnlich entschwindet zu Lasten der Regung
Erwartung geduldig vermindert die Lockung zur Beute
Versklavung unheimlich verabscheut den Aufstand der
Reue
Begierde verunstaltet herzlos des Schutzes Erfüllung
Bestechung gewaltig erblindet des Schmutzes Enthüllung
Betäubung unwissentlich wissen nicht wissen ist trübe
Verbündung prüft mündliche Bürgen für übliche Rüge

Frühlingsregen

Feuchter Atem der Natur, durch Niesel und Nebel mit
Lebenswasser getränkt.
Leuchten Farbenglitzer pur, im sonnendurchwirkten
Sphärenspiegel geschenkt.
Filigrane Blütenzier, tauschwere Ährchen, auf Halmen
andächtig geneigt.
Still im Tanz das grüne Meer, windwogende Felder im
rhythmischen Schwunge vereint.
Hauch von süßem Duftgespür, den alles erfüllenden
Zauber des Odems verspürt.
Auch erlöstes Luftgeflirr das Seelenempfinden in
köstliche Weiten entführt.

Teufel im Detail

Die Türzarge in Buchenfurnier mit abgerundeten Kanten und umlaufendem hellbraunem Dichtprofil im Falz. Das Türblatt entsprechend gefalzt, in derselben Farbe und ohne Lichtausschnitt. Die beiden zweiteiligen Einbohrbänder matt silbergrau, das Bandoberteil mit einem, das Unterteil mit zwei Einschraubgewinden, die beiden Drehbolzen aus Kunststoff. Die Anschlagrichtung der Tür links. Drückergarnitur und Buntbart-Türschloss mit aufgeschraubten Schlossrosetten, alles farblich wie die Türbänder, nur etwas glänzender. Das Schließblech wie gewöhnlich in der den Bändern gegenüberliegenden vertikalen Falzbekleidung der Zarge. Keine Türschwelle im Fußboden. Der Schlüssel ist weg.

Gewusst wie

Wenn ich etwas schreiben möchte, beginnt es meist mit einer ersten Idee: ein Schlagwort oder sogar schon die Pointe. Der erste Satz geht meist ganz schnell von der Hand, aber wie entwickelt sich das Vorhaben nun weiter? Ist alles logisch aufgebaut oder lohnt es sich, absichtlich Stolperfallen einzubauen, um die Leserschaft zu verwirren? Je nach dem. Was denken Sie?

Lebensraum

Der Pflaumenbaum wurde vor drei Jahren an Ort und Stelle gepflanzt, seine Wuchshöhe entspricht inzwischen der Größe eines Erwachsenen. Der Blütenansatz in diesem Frühjahr war reichlich. Die meisten Laubblätter des Bäumchens jedoch sind jetzt stark verkümmert, eingekräuselt, zum Teil schon am Vertrocknen. Dafür ist ein Lebewesen verantwortlich, das den Baum in diesem Jahr sehr stark heimgesucht hat: die Blattlaus. Was soll ich dazu sagen? Zusätzliches Gießen mit Wasser und mit Kaffeesatz hat bisher nicht den gewünschten Erfolg gebracht. Vermutlich ist es dafür jetzt einfach schon zu spät. Wo Blattläuse sind, da krabbeln auch die Ameisen am laufenden Band auf und ab. Der Volksmund behauptet bisweilen, dass Ameisen Blattläuse „züchten". So anthropomorphistisch würde ich es nicht formulieren, aber süß ist er halt, der Blattlaussaft und durch das gezielte Verteilen der Läuse über nahezu die gesamte Pflanze sind die Ameisen für diese Plage durchaus mitverantwortlich. Noch ein drittes Lebewesen besucht den Baum häufig: Er dient nämlich auch als Anflugstation für Haussperlinge. Sie setzen sich kurz auf die Äste und scheinen etwas abzupicken. Ob es die Ameisen sind oder die Läuse, kann ich aus der Ferne nicht sehen (aus der Nähe natürlich auch nicht, denn wenn ich beim Baum stünde, kämen ja keine Spatzen mehr angeflogen). So wird es wohl für immer ein Rätsel bleiben, was die Spatzen auf dem Pflaumenbäumchen suchen.

Ansichtssache

Gezeitenwechsel finden regelmäßig statt.
Der Tidenhub ist dabei meistens unterschiedlich.

Nach der Ebbe kommt die Flut. Das wiederholt sich
stetig.
Die Wasserniedrig- und Wasserhöchststände sowie deren
Differenz variieren gewöhnlich.

Insbesondere auf einer Hallig Insel wird einem bewusst,
auf welche Weise sich die Anziehungskräfte des Mondes
auf den Meeresspiegel auswirken.

An der Nordsee ist es unfassbar schön.
Innerhalb von zwölf Stunden geschehen dort mit dem
Wasser wundervolle Dinge.

Sich von den Bewegungen der Meeresoberfläche
inspirieren zu lassen
gehört wohl zu den erhebendsten Dingen auf diesem
Planeten.

Die Pest

Vor vielen grauen Jahren, vor einer Ewigkeit,
einer schon vergessenen und längst vergang'nen Zeit,
ich war just auf dem Wege, da schlug die Wacht Alarm.
Die Worte, die sie rief, waren voller Angst und Harm:

„Die Pest ist wieder da, und das ganz ohne Ratten.
Die Pest ist schon so nah, bewegt sich aus dem Schatten."
Sie schlich an mir vorüber, flüsterte leis mir zu:
„Ich bin die Pest, erkennst du mich? … Und du?"

So schreckdurchzuckt ich war, doch so gleichsam
fasziniert.
Ich folgte ihr sogar, um zu sehen, was passiert.
Ohne sich umzudrehen, wusste die Pest Bescheid:
Sie hatte einen Diener. – Ob es ihn wohl gereut?

Ihr Aussehen glich dem Garnichts, ein dunkles leeres
Loch,
ein schwarz gewandet Niemand, aus dem das Unheil
kroch.
Mit lautlos kaltem Schweben bewegte sie sich fort
und war sie hier verschwunden, schon zeigte sie sich
dort.

Mir war nicht wohl dabei, doch fehlt' die Zeit zum Beten.
Der Pest war's einerlei, sie wollt' sich nicht verspäten.
Ihr Gang ward schnell und schneller, schon bald für mich
zur Hast.
Ich konnt' nicht stehen bleiben, was hätt' ich sonst
verpasst?

Ein Schleier dichter Wolken zog übers Sonnenlicht.
Der Hauch von einer Brise durchstreifte mein Gesicht,
seltsam düster trotz der erst vormittäglichen Zeit.
Wir eilten schnurstracks weiter, das Ziel lag nicht mehr
weit.

Ein Postillion zu Rosse begegnet' uns zuerst:
„So geh mir aus dem Wege, den du mir grad versperrst!
Ich muss die Post zustellen, muss reiten übers Land",
rief er der Pest entgegen, die er nicht gleich erkannt.

Er sah nur das Gewande, er sah nur flüchtig hin
und hatte pflichtversessen bloß seinen Pfad im Sinn.
Der Pest entfuhr ein Lachen, das stoppte seinen Lauf.
Der Mann saß starr im Sattel und riss die Augen auf.

„So bleib den Augenblick, ich will dir etwas geben.
Dann reite rasch zurück, wenn du willst weiter leben.
Verteile unterwegs dies an alle, die du siehst.
Verrichte wohl mein Tatwerk, bevor du vor mir fliehst."

Der Reiter war schockiert, im Nu packte er sein Pferd,
ergriff, was man ihm gab, machte auf der Stelle kehrt.
Er trug die kalte Gabe zum Tor der Stadt hinein.
Und jedem, der ihn ansah, gefror das Herz zu Stein.

Die Menschen rannten fort und ließen alles liegen
und suchten einen Hort, um sicher sich zu wiegen.
Sie flohen vor der Gabe, die sich noch in der Hand,
und zwar in seiner rechten, des Postillions befand.

Es schlossen sich die Fenster, die Türen fielen zu.
Die Riegel vorgelegt, so erhofften sie sich Ruh,
die Männer, Frauen, Kinder und selbst die Banausen,
vor jener Fracht des Boten, vor dem blanken Grausen.

Durch verstaubte Gassen kam er eilends galoppiert,
arm, der Unglücksbringer, mit der Gabe ausstaffiert.
In den engen Winkeln der Stadt erscholl das Trappen
des erhitzten Rosses, des großen schwarzen Rappen.

Dem Reiter unterdessen schwoll an das bange Herz.
Während seines Weges spürte bitter er den Schmerz.
Wem sollte er es reichen, das böse Unterpfand?
Wer mochte es empfangen, der noch nicht fortgerannt?

Er konnte keinen finden, an den es adressiert.
Die Leute lauschten stille, ob er ihr Haus passiert.
Da kam er, ganz am Ende, auf dem Markt zum Stehen
im Sattel eingesunken. Die Kirchturmuhr schlug Zehn.

Die Pest und ich erreichten das Städtchen zeitengleich.
Es war wie leer gefegt, es glich fast dem Totenreich.
So trafen wir uns dort inmitten dieses Fleckens.
Ferner keine Seele, kein Ende des Versteckens.

Der Reiter setzte zögernd sein Pferd wieder in Gang,
ritt Schritt um Schritt und schneller den Weg zu mir
entlang,
sah tief mir in die Augen mit einem bangen Blick.
Der brave, treue Postillion wendet' sein Geschick.

Er ließ die Gabe fallen, sie rollte mir zu Fuß.
Schon preschte er von dannen ohne jeglichen Gruß.
Ich nahm die Last entgegen, der Bote war befreit.
Sein Hufschlag war verklungen schon in der Ferne weit.

Meine Augen blinzelten zu jenem Bündel hin.
Mein Herz begann zu rasen. Furcht kam mir in den Sinn.
Ich beugte mich hinunter und hob das Päckchen an.
Es war sehr leicht zu tragen, zu zittern ich begann.

Ich drehte meinen Kopf, zur Rechten und zur Linken.
Der allerletzte Mut in mir fing an zu sinken.
Ich ließ mich kraftlos nieder auf Knien in den Staub.
Der Atem in mir stockte, die Sinne wurden taub.

Um mich herum war Schweigen und Stille nach wie vor.
Da drang plötzlich wie vorhin das Flüstern an mein Ohr:
„Erkennst du mich? Schau her, willst du dich nicht
umdrehen?"
Ich fuhr herum – die Pest, sie war nicht mehr zu sehen.

Verschwunden wie gekommen, kein Hauch mehr zu
spüren.
Um mich herum die Menschen schlossen auf die Türen.
Ein Wimmern war zu hören, danach ein froher Laut.
Ein kleiner Schritt nach draußen, ein erster, der sich traut'.

Ich konnte nichts begreifen, was war hier geschehen?
Wo war die Pest? – Und ich? Zu schwer, um zu
verstehen.
Bei allem Nachbesinnen, aller Gedankenpein,
fiel unverhofft die Gabe mir derart wieder ein.

Sie lag in meinem Schoße, verhüllt in schwarzes Tuch.
„Was ist darin verborgen? Worin besteht der Fluch?"
Neugierig führte ich den Finger ans Gewebte
und fühlte, dass daran ein Tropfen Honig klebte.

Ich schlug den Stoff zurück und hörte leises Summen,
die nächste Ecke weg und lauter ward das Brummen.
Da ausgewickelt, siehe, ein echter Bienenschwarm.
Wieso erregte dieser bloß so viel Furcht und Gram?

Doch kaum des Tuches ledig, setzt' die Verwandlung ein.
Wo vorher Biene kreuchte, sollt' nun Hornisse sein.
Sie schwärmten und sie jagten die Menschen allzumal.
Erneut packt' sie der Schrecken und unsägliche Qual.

Schreie und Gezeter, ein Hauen und ein Stechen,
Leiden und Beschwerden, welch Schmerz und welch
Gebrechen.
Zu spät war es zum Fliehen, kein Türspalt war zu dicht,
die Ungeheuer brachten ein fürchterlich Gericht.

Vor dem grausam Gemetzel blieb ich indes bewahrt.
Welch wundersam Geheimnis hat mir dies wohl erspart?
Ich konnt' es nicht erklären, kein Umstand war mir klar.
Mein Leben ward gerettet, wie glücklich sonderbar.

Inzwischen schien das Lärmen mit Stille zugedeckt.
Ein leises Bienensummen mich aus dem Dämmer weckt'.
Hornissen waren weg, das Stechen war beendet.
Bienen sich nun wieder dem Honig zugewendet.

Hinter meinem Rücken Flügelrauschen sich erhob.
Ein Wind durchfuhr mein Haar und das Bienenvolk
zerstob.
Im Nu war es verschwunden, das Tuch lag jetzt allein
auf seinem alten Platze. Ich schaute hintendrein.

Bis eben war das Licht noch verschleiert, trüb und matt.
Wie über allem Lande, so über dieser Stadt.
Die Wolken rissen auf und nun schien es klar und hell.
Ich nahm den Mut zusammen und wandte um mich
schnell.

Ich wollte sehen, welches tönend Brausen ich vernahm,
wo dieser Wind, dies heimlich Wehen ursprünglich
herkam.
Ich hob den Blick und was ich sah, raubte mir den
Verstand:
Ein strahlend blendend heller Geist in gleißendem
Gewand.

Es mochte wohl ein Engel sein, soweit mir dies bekannt.
Zu meinem großen Staunen hielt ein Schwert er in der
Hand.
Ich schloss die Augen, konnte ohnehin schon nichts mehr
seh'n.
Zu unvergleichlich weiß war die Erscheinung, viel zu
schön.

Ich sank zu Boden, nieder drückte mich die schwere Last.
Mit seinem Glänzen hat der Engel mich jedoch umfasst.
Er kam zu mir herüber, so dass ich ihn wieder sah.
Die Kraft, die von ihm ausging, fühlte ich nun spürbar
nah.

„Erhabenster, erlaubt ihr mir nur diese eine Frage:
Könnt ihr mir sagen, was es war mit dieser gräulich
Plage?"
Ich musste wissen, was geschah in dieser letzten Stunde.
Begierig war ich auf die Antwort aus des Engels Munde:

„Die Pest war eben da, sie kam herab vom Thron.
Sie ist auf ihrem Weg hinab nach Babylon.
Durch deine Hand hat sie Gericht hierher gebracht.
Schon lang war dieser Stadt Vernichtung zugedacht.

Die vielen grauen Jahre, die längst vergang'ne Zeit?
Du irrst, mein Kind, nicht gestern, die Ewigkeit ist heut."

Feuer

Ein unbeschwertes Lachen erfüllt den ganzen Raum.
Gläser klingen, Sänger singen, anderes stört kaum.
Die Festgesellschaft ist mit sich rundherum zufrieden.
Wer schlechte Laune zeigt, der wird kurzerhand
gemieden.
Deshalb gibt es auch niemanden, der pessimistisch wär'.
Die Stimmung auf dem Siedepunkt. Was will die Seele
mehr?
Ein aufgeregtes Männlein in dunkler Uniform
bahnt sich den Weg durchs Publikum, es zittert ganz
enorm.
Dann plötzlich ruft es: „Feuer", doch sein Stimmlein ist
zu schwach.
Unmöglich ist's, ihn zu verstehen, zu mächtig ist der
Krach.
Das Männlein rappelt sich zusammen und es schreit
erneut:
„Feuer", tönt es wiederum umsonst bei so viel Leut'.
Der Ober reicht die Kanapees, die Sektgläser sind leer.
Der neue wird schon eingeschenkt, man kommt kaum
hinterher.
Nur einer fuchtelt furchtbar wild mit seinen beiden
Armen.
Was will der bloß, der arme Tropf, das ist ja zum
Erbarmen.
Die Blaskapelle spielt erneut mit Pauken und Trompeten
ein ganz modernes Stück, es heißt: „Wir retten den
Planeten".
Die Gäste schunkeln fröhlich mit, der Rhythmus ist
famos.

Der erste tanzt schon auf dem Tisch. – „Wo bleibt der Kellner bloß?"
Ein neues Glas muss dringend her, das alte brach entzwei.
Bei so viel Stimmung kein Problem, was ist denn schon dabei?
Auf der Bühne nun erscheint der Ehrenpräsident.
Er kriegt die Massen kaum beruhigt, doch als man ihn erkennt,
da lässt man ihn zur Freude pur den ganzen Saal hochleben.
Das war's auch schon, jetzt dürfen sie ihr Glas wieder erheben.
Ein Tusch der Bläser geleitet ihn zurück an seinen Tisch.
So einen Auftritt hat man gern, so unvergleichlich frisch.
Im Gegensatz zu unsrem Freund, der ständig „Feuer" brüllt
und dabei wie das Rumpelstilzchen seinen Hut zerknüllt.
Was will der Typ denn eigentlich, fragt sich ein Optimist,
weiß der nicht, dass das Rauchen hier gänzlich verboten ist?
Die Polonaise nimmt ihren Lauf über das Parkett.
Der Kaviar wird nachgefüllt, das finden alle nett.
Und alle finden, dass es Zeit wird für den nächsten Tanz.
Die Musiker holen tief Luft und setzen an zum Auftakt,
als plötzlich und ohne Vorwarnung ein ohrenbetäubender,
schriller Dauerpiepton den Saal förmlich zerfetzt.
Alle pressen ihre Hände auf die Ohren und hoffen, es ist niemand verletzt.
Der Facility-Manager weiß sofort Rat und beordert den Haustechniker

zum Abstellen des akustischen Warnsignals. Der schreitet sofort zur Tat.

Guter Mann und guter Rat.

So löst man heute unverhofft auftretende Probleme.

Während sich der Ehrenpräsident bei den Anwesenden noch kurz für die Unannehmlichkeit entschuldigt, ertönen endlich die ersten Takte des ersehnten Walzers. Männlein und Weiblein unterschiedlichsten Alters drehen sich vergnügt im Kreis.

Im Raum da wird es langsam heiß.

Dieses Empfinden kommt einerseits durch die gute Stimmung

und andererseits durch die Erweiterung der peripheren Blutgefäße

aufgrund des allmählichen Anstiegs des Promillewertes.

Da sind sich alle sicher – mit Ausnahme des aufgeregten Männleins natürlich.

„Die Musik ist ausgesprochen gut heute Abend."

„Wenn es was zu kritisieren gäbe, dann vielleicht die Lautstärke." – „Was?"

„Hast du schon den Kaviar probiert? Am Buffet gibt's wieder welchen?"

„Ja, die füllen sofort nach. Ein echt super Service haben die hier."

„Feuer!" – „Hatte die Geliebte vom Präsidenten letztes Mal nicht dasselbe Kleid an?"

„Dasselbe Kleid schon, aber eine andere Geliebte." – „Ach so." – „Was? Das Klo ist da drüben."

„Nee, schon gut." – „Was?" – „Ist aber wirklich warm jetzt hier drin."

Just in diesem Augenblick geschieht ein neuer Zaubertrick.

Die Sprinkler an der Hallendecke sprühen Wasser bis in jede Ecke.

Begeistert ruft das Publikum: „Ein Hoch auf die Organisation."

„Die wissen wohl, was wir jetzt brauchen, bevor die Köpfe richtig rauchen."

Auch die Blaskapelle honoriert diese erfrischend geniale Idee mit einem dreifachen Tusch.

„Hast du jetzt am Samstag schon was vor?" – „Ja, da geh' ich doch immer zum Chor.

Wir üben fürs Weihnachtsoratorium mit allem Brimborium."

„Wenn du zum Buffet gehst, bringst du mir noch ein Lachsschnittchen mit?"

„Warte, ich komm' mit. Dann hol' ich noch gleich was zum Durst löschen."

„Wer bezahlt das hier eigentlich alles?"

„Ach guck mal, das Rumpelstilzchen hüpft ja immer noch hier rum."

„Ja und nass geworden ist der auch ganz schön."

„Was hat der vorhin gerufen?" – „ ‚Feuer', wenn ich mich nicht täusche."

„Oh, jetzt is' er grad vorne bei der Bühne." – „Ich hab' ne Idee: Wir feuern den jetzt mal an."

„Hey, geh' mal hoch auf die Bühne!" – „Ja, mach mal." – „Los!"

Der arme Wicht steigt aufs Podest. Zuerst ertönt noch leis Protest.

Doch dann begreifen sie den Spaß: „Mit dem erlauben wir uns was…"

Alle Gäste, Groß und Klein, stimmen in den Chor mit ein.

„Feuer", schallt's aus allen Kehlen, „Feuer Feuer Feuer Feuer Feuer".

Rhythmisches Klatschen und Stampfen begleitet das Ganze,

bis man sich schließlich irgendwie auf das Singen von drei Mal „Feuer"

im Takt des Welt-Hits ‚We will rock you' von ‚Queen' geeinigt hat:

Stampf, stampf, klatsch, stampf, stampf, klatsch, Feuer, Feuer, Feuer, klatsch, stampf, stampf, klatsch.

Der resignierte Feuerwehrmann auf der Bühne hat scheinbar Gefallen an dieser Aufführung gefunden. Er lässt sich von der allgemeinen Begeisterung des Publikums und den natürlich immer noch ironisch gemeinten Ovationen mitreißen und vergisst nach und nach seine Verzweiflung und Hilflosigkeit.

Ist doch logisch

Sie sollten einer Sache nur auf den Grund gehen, wenn Sie dafür einen guten Grund haben. Die Begründung muss dann aber auch grundlegend und gründlich sein. Ansonsten gäbe es genügend Gründe, die Begründung als grundsätzlich grundlos in Grund und Boden zu stampfen bzw. auf dem Meeresgrund zu versenken.

Möchten Sie stattdessen eine Sache lieber an der Wurzel packen, was auf den ersten Blick weniger gefährlich erscheint, dann sollten Sie rechtzeitig bedenken, dass Sie in dem Fall als Radikaler bezeichnet werden. „Wurzel" heißt nämlich auf Lateinisch „radix"; davon ist „radikal" abgeleitet. Wir finden den Begriff zum Beispiel beim Radieschen, das demzufolge mit „Würzelchen" übersetzt werden kann. Der größere Verwandte des Radieschens, der Rettich, wird in Bayern als „Radi" bezeichnet. Sie erkennen den Wortstamm sofort wieder; wir übersetzen das Gemüse aufgrund des fehlenden „x", was eindeutig dem „el" zugeordnet werden kann, mit „Wurz". Die verkürzte Bezeichnung rührt vermutlich daher, dass beim Herausziehen das untere Ende der Wurzel oft abbricht und somit in der Erde verbleibt. Wenn Sie also eine Sache an der Wurz packen, dann könnten Sie im schlimmsten Fall als Rettich beschimpft werden, aber nicht mehr als Radikaler.

Pyrrhussiege

Legionen, versteckt euch! Verscharrt eure Waffen und flieht!
Die Hörner des Feindes erschallen von Ferne schon.
Die Gegner sind weit überlegen. Egal, was geschieht,
wir sind Spott und Hohn. Nichts ändert die Situation.
Sprengt auseinander, verliert euch im Dickicht des Nichts!
Packt eure Sachen und dass ihr euch mächtig beeilt!
Rettet das Leben im schwindenden Scheine des Lichts,
bevor die Nacht anbricht und ihr zu lange verweilt.
Versteht doch, ihr habt wirklich keine andere Wahl.
Was ihr auch tut, sucht euer Heil in der Flucht.
Versäumt ihr die Zeit, bedeutet das furchtbare Qual.
Zu eurer Beruhigung: Ihr habt euer Bestes versucht.

Träumt von den Bergen, von Meeresrauschen und Strand.
Nährt eure Sehnsucht, die Hoffnung, sie stirbt doch zuletzt.
Findet die Ruhe, zieht an das vertraute Gewand.
Der Lauf ist beendet, zu lange habt ihr euch gehetzt.
Umsonst war das Ringen, Legionen, was habt ihr verdient?
Betrachtet das Leiden der anderen nicht so genau.
Ihr habt eure eigenen Schulden wahrhaftig gesühnt.
Beklagt den Verlust nicht zu lange, sonst werdet ihr grau.

Der Kampf ist vorüber, auch wenn ihr ihn schmerzlich
vermisst.
Ein neues Gefilde eröffnet sich eurem Blick.
Träumt weiter, wohl dem, der die Sorgen des Alltags
vergisst.
Allmählich wendet sich wiederum euer Geschick.

Auf in den Kampf! Erobert die letzten Basteien!
Zeigt keine Furcht und schnürt eure Rüstungen fest!
Wie hoch die Wälle und Türme und Mauern auch seien,
ihr werdet sie sprengen und niedertreten den Rest.
Wer widersteht dem Stolz und der Macht dieser Welt?
Jetzt sind es unsre Trompeten, die schmetternd
erklingen.
Der Triumphzug durch all ihre Städte ist schon bestellt.
Legionen, ihr werdet die Freudenhymnen singen.
Beim Verteilen der Beute gedenkt eurer Lieben.
Sie sagten „Adieu" unterwegs und gingen verloren.
Wie gern wären sie für immer bei euch geblieben?
Nun werden sie in der Erinnerung neu geboren.

Was es nicht alles gibt

Grünlilien sind giftig, dafür aber reinigen sie die
Raumluft, sagt man.
Sehen Sie, auch so was gibt es.

Vive la revolution

Wer die Meinung vertritt, seine Gewalt sei gut und
gerecht,
die der anderen dagegen böse und schlecht,
wird bald alle niederschlagen, die ihm in die Quere
kommen.

Der Selbstgerechte wird leicht selbstverliebt
und wer dasselbe zu tun beliebt,
dem wird das Recht dazu genommen.

Bei so viel Verbohrtheit ist es kaum zu fassen,
dass die anderen ihn gewähren lassen;
doch sie sind vor Angst schon blind.

Er aber muss alles, was er findet, zerstören.
Und doch wird er am Ende schwören,
dass die anderen schuld daran sind.

Was kann er denn dafür, das Alte muss weg.
In seinen Augen ist es nur Dreck,
den er mit keiner Träne beweint.

Jeder Revolutionär ist überzeugt,
und hat er das Recht noch so gebeugt,
er habe es doch nur gut gemeint.

Hauptsache gelöst

Die Tonart gibt die Akkorde eines Musikstückes vor.
Wenn es dem Sänger jedoch zu hoch ist, dann wird das
Lied transponiert.
Eine Tonart tiefer, versteht sich.
Wenn das für den Trompeter dann schlecht zu spielen
ist,
geht es wieder eine halbe Tonstufe nach oben.
Das sind jedoch zu viele „b" für den Gitarristen.
Also muss es nochmal irgendwie verändert werden.
Die Singstimme wird an der höchsten Stelle
umgeschrieben.
Der Sänger ist dann zufrieden und das Stück kann in der
ursprünglichen Tonart bleiben.
Was für ein Umstand, bis es passt. Aber immerhin passt
es.
Wenn doch nur alles so einfach wäre wie in der Politik.

Na bitte

Ein Wasserhahn tropft. Ein Licht flackert. Eine Tür
quietscht. Ein Keilriemen schleift. Eine Uhr bleibt stehen.
Eine Blume verwelkt. Ein Fenster klemmt. Ein Kotflügel
rostet. Eine Kerze rußt. Eine Treppe knarrt. Ein Politiker
redet. Ein Brot schimmelt. Ein Motor leckt. Ein Euro fehlt.
Ein Schnürsenkel reißt. Was soll's, alles lässt sich
beheben.

Wahrlügien

Es war einmal ein Land namens Wahrlügien. Wie es zu seinem sonderbaren Namen kam, davon soll hier berichtet werden.

Die Menschen dort unterschieden sich in Nichts von ihren Nachbarn oder von irgendeinem anderen Volk auf dieser Welt. Sie lebten normal und unauffällig. Früh gingen sie zur Arbeit und gegen Abend kehrten sie in ihre Häuser zurück. Ausgesprochen wohlhabend waren die Wahrlügier nicht, hatten aber am Nötigsten keinerlei Mangel. Als rundherum glücklich würde man sie zwar nicht bezeichnet haben, aber als durchaus zufrieden. Bodenständig waren sie, nicht besonders reiselustig. Sie achteten aufeinander und wenn einer in Not geriet, so blieb dieser nicht lange allein in seinem Befinden. Helfende Hände fanden sich rasch ein und brachten den Unglücklichen wieder zurück auf die Erfolgsspur. Die Wahrlügier waren nicht mehr und nicht weniger gesellig als andere, nicht mehr und nicht weniger tüchtig, ordnungsliebend, zielstrebig, bequem, hungrig, durstig, lustig, traurig; sie waren ganz durchschnittlich normal.

Auch alle uns heute bekannten Ämter und Einrichtungen arbeiteten in Wahrlügien bereits sehr zuverlässig. Die Verwaltung war intakt, ebenso die medizinische Versorgung. Das Angebot an Gütern des täglichen Lebens stach sogar etwas aus der allgemeinen Normalität heraus, während es bei der Qualität der Bildungseinrichtungen gelegentlich etwas besser hätte sein können. Und um es nicht zu vergessen – doch, es muss hier sogar besonders hervorgehoben werden – bezüglich des Regierens, der staatsmännischen Angelegenheiten, zeigten sich die Wahrlügier besonders begabt, allen voran ihr König Conradi VII. mit seiner hoch verehrten Gemahlin Aglaia an der Seite. Er vertrat das Selbstverständnis, der Erste unter Gleichen zu sein, ein Prinzip, das er von den ersten Kaisern des antiken Roms übernahm. Seine vorbildliche Haltung wirkte sich förderlich auf den Zusammenhalt des gesamten Volkes aus. König Conradi regierte äußerst umsichtig und wohlgesonnen; zu allen benachbarten Ländern bestanden geradezu freundschaftliche Beziehungen. Zu seinem Führungsstab gehörten zahlreiche Beraterinnen und Berater, die alle Angelegenheiten des Königs entsprechend ihrer Kenntnisse und Begabungen mit Rat und Tat begleiteten. Sie wurden vom König in den Dienst berufen und sahen es als große Ehre an, stellvertretend für ihre Landsleute beim Planen und Ausführen aller wichtigen Staatsgeschäfte behilflich sein zu dürfen. Die Menschen im Lande waren geradewegs stolz auf ihren Fürsten und sein Gefolge; sie erwiesen sich als ausgesprochen loyal. Es würde ihnen niemals in den Sinn kommen, der Staatskasse gegenüber etwas Unrechtes zu vollführen, Steuern zu hinterziehen, Abgaben vorzuenthalten oder eine Zahlung zu verziehen, geschweige denn gar zu versäumen. Hierin bestand unter den Menschen große Einigkeit, dass das Wohl aller von der Aufrichtigkeit jedes Einzelnen abhinge. Das war in der Vergangenheit beileibe nicht immer so gewesen. Aber seit Conradis Großvater, König Wenzel IV., ein Gesetz erließ, mit dem er seine Untertanen zu Anstand und Ehrlichkeit verpflichtet hatte, reifte diese anfangs eher beargwöhnte Forderung doch immer mehr zu der Einsicht, dass es eben nichts Besseres für das allgemeine Wohlbefinden geben könne.

So ging diese Vorschrift den Wahrlügiern schließlich in Fleisch und Blut über und prägte ohne Widerrede das Wesen der inzwischen dritten Generation.

Wenn es überhaupt etwas gab, das sie beunruhigte, dann war es ein winziges Unbehagen als Folge einer kleinen Nachlässigkeit während der Amtszeit König Wenzels. Die Urkunde nämlich, auf der das besagte Gesetz seinerzeit niedergeschrieben wurde, sie war nicht mehr auffindbar. Weg, verschwunden, verschollen. Wie viele Stunden, nein, wie viele Jahre durchsuchten die Bediensteten den Palast von oben nach unten und von unten nach oben… Aber es blieb dabei, das Papier schien wie vom Erdboden verschluckt.

Wenn Sie, geschätztes Publikum, jetzt vermuten, dass das Gesetz dadurch an Einfluss verloren haben könnte, dann sind Sie auf dem Holzweg. Im Gegenteil, als das Volk darüber unterrichtet wurde, die Textrolle wäre nicht mehr auffindbar, doch es handelte sich vermutlich nur um ein Versehen und es wäre sicher nur eine Frage von Augenblicken, bis… Und als es dann letztlich dabei blieb, da setzten sich die Menschen in allen ihren Ortschaften zusammen und jeder trug aus dem Gedächtnis die Worte des Gesetzes herbei, die ihm oder ihr noch in der Erinnerung haften geblieben waren. Die Satzbruchstücke wurden miteinander verglichen, ergänzt, korrigiert und schließlich den Ratsherren übergeben, die dann ihrerseits denselben Prozess wiederholten. Am Ende konnten alle stolz sein auf ihr gemeinsames Werk, ihren Versuch, den Wortlaut des Gesetzes wieder vollständig herzustellen, aber nichtsdestotrotz, es gelang ihnen nicht. Und genau daher rührte das erwähnte winzige Unbehagen, das bei allen,

Kleinen wie Großen dafür sorgte, dass die Wahrlügier kein überaus glückliches Völkchen waren, sondern eben nur ein durchschnittlich glückliches. Was, wenn der Teil, den sie gemeinschaftlich vergessen hatten, wichtig wäre für das Gemeinwohl oder gar für den Frieden? Die erste Aufregung legte sich zwar im Laufe der Jahre etwas, doch ein mulmiges Gefühl blieb und wurde von den Großeltern auf die Eltern und von diesen wiederum auf die Kinder übertragen, die es ihrerseits schon den ersten Enkelchen mit in die Wiege legten.

Doch wie es der Zufall so wollte, geschah das längst nicht mehr für möglich Gehaltene ganz unerwartet und nebenbei, so wie es in der Historie oft kleine und unscheinbare Dinge waren, die für eine gravierende Wende sorgten und sogar Weltreiche zum Einsturz brachten: ein verirrter Pfeil, eine unverschlossene Tür, eine abgefangene Nachricht, ein falsch gedeuteter Befehl.

Alwin Staveri, einem Palastbediensteten, kam die plötzliche Ehre zuteil, für das Ereignis des Jahrhunderts verantwortlich sein zu dürfen. Seit 34 Jahren bereits gehörte der in allem stets treue und bescheidene Mann zu den 26 Hofdienern, deren Aufgabe darin bestand, im Amtssitz des Königs nach dem Rechten zu schauen sowie für Ordnung und Sauberkeit zu sorgen. Staveri oblag erst seit einigen Monaten die Pflicht, die Bibliothek mit den historischen Werken und das Staatsarchiv in Schuss zu halten. Niemand weiß, woran es lag, ob einer seiner Vorgänger es mit der Gründlichkeit nicht ganz so genau nahm wie Staveri. Jedenfalls war es diesem vorbehalten, während eines sehr sorgfältigen Reinigungs- und Aufräumeinsatzes im Archiv, dass er im Zwischenraum zweier großer Eichenholzregale in drei

Metern Höhe mit seinem Staubwedel plötzlich gegen irgendetwas stieß, das ein pergamentartig klingendes Rascheln verursachte. Es war gar nicht einfach, das Stück aus dem engen Spalt heraus zu fischen, doch schließlich gelang es ihm. Und dann? Nichts und dann. Pflichtbewusst und sorgfältig setzte er seine Arbeit fort, nachdem er die Papierrolle auf einem Tisch abgelegt hatte. Seine Aufgabe bestand ja darin, für die Sauberkeit der Dokumente zu sorgen und nicht, sie zu lesen. So vergaß er zunächst sein Fundstück bis zum Feierabend. Dann jedoch fiel sein Blick erneut darauf, weil es einen schlechten Eindruck hinterlassen hätte, es einfach dort liegen zu lassen. Schließlich musste es wieder an seinen angestammten Platz gebracht werden, doch dafür war Staveri weder ausgebildet noch zuständig. Er nahm die Rolle und brachte sie zum Hofarchivar, verstaute wie gewohnt seine Reinigungsutensilien und schlenderte nichts ahnend und einigermaßen mit sich zufrieden nach Hause, wie alle anderen Wahrlügier an diesem Abend auch.

Am nächsten Morgen wurde das ganze Land um halb sechs in der Früh durch einen Kanonenschlag aufgeweckt und alle Glocken läuteten eine Stunde lang Sturm: Die Urkunde mit dem verloren geglaubten Gesetzestext war wieder da! Gefunden von dem braven Hofdiener Alwin Staveri. Er erfuhr erst im Laufe des Vormittags von seinem Glück und wurde von diesem Tag an mit einer stattlichen Leibrente ausgestattet. Außerdem wurde er ehrenhalber in den Beraterstab berufen, musste hierfür aber keinerlei Gegenleistung erbringen. König Conradi VII. höchstpersönlich verlieh ihm diese Ehre und damit endete vorerst seine Rolle in dieser Geschichte.

Zur selben Zeit wurde eine Ratsversammlung einberufen. Sie sollte öffentlich stattfinden, doch der Platz im Sitzungssaal war völlig unzureichend für die vielen interessierten Bürgerinnen und Bürger. Die ganze Stadtbevölkerung und etliche Besucher aus den umliegenden Ortschaften strömten herbei. Wie ein Lauffeuer hatte sich die Sensationsnachricht verbreitet.

Der einzige Tagesordnungspunkt der Zusammenkunft bestand in der Verlesung des sogenannten „Gesetzes zur Ertüchtigung des ganzen Volkes zu Aufrichtigkeit, Anstand, Ehrlichkeit und gegenseitigem Vertrauen unter Androhung von Strafen bei Nichtbeachtung und vorsätzlicher Unterlassung derselben Tugenden". Die Spannung im Saal und bei den Menschen auf den Straßen und Plätzen zu beschreiben, wäre müßig, schlichtweg unmöglich. Als Anekdote sei an dieser Stelle nur erwähnt, dass allein sieben ältere Herren und dreizehn Damen das Bewusstsein verloren und ärztlich behandelt werden mussten, weil sie vor lauter Aufregung vergessen hatten zu atmen. Wie viele Wahrlügier kurz davor standen, dasselbe Schicksal zu erleiden, ist leider nicht überliefert. Als es dann endlich soweit war und König Conradi VII. feierlich aus dem Saal heraustrat auf die festlich geschmückte Balustrade und sich kurz zweimal räusperte, da hörte man hier und da einige aufgeregte Schreie aus dem Publikum. Der König wartete natürlich ab, bis wieder absolute Ruhe eingekehrt war, dann hob er seine Stimme an, ließ seinen Blick noch einmal durch die Runde schweifen und verkündete: „Meine lieben Bürgerinnen und Bürger, die ihr so zahlreich erschienen seid, genauso erfreut wie ihr jetzt in diesem Augenblick seid, so erging es mir heute früh, als unser treuer Hofarchivar voller Aufregung zu mir in den Speisesalon trat und um eine Audienz bat, in der er mir stolz verkündete, dass …" und so weiter und so weiter. Bis der König schließlich zu dem Punkt kam, die Schriftrolle zu öffnen und das lang Ersehnte vorzulesen, vergingen noch etliche Minuten. Er betonte noch die besonderen Verdienste des Alwin Staveri im Zusammenhang mit dem außergewöhnlichen Fund, beschrieb ausführlich dessen Belobigung und Beförderung und wies auf die überaus glorreiche Zukunft hin, die dem ganzen Land nun bevorstünde. Dann beendete er irgendwann seine Vorrede und begann mit noch salbungsvollerer Stimme und nicht, ohne sich erneut kurz geräuspert zu haben, mit dem Vorlesen des Gesetzes, das sein Großvater vor nunmehr 77 Jahren beschlossen und verfügt hatte. Die Passage, an die sich niemand mehr erinnern konnte, stand ganz am Ende des Textes: „… und alle Oberen und Bediensteten im Staate sind verpflichtet, mit gutem Beispiel voranzugehen. Jeder also, der in Ausübung seines einberufenen Amtes, für das er Bezüge aus dem allgemeinen Staatsvermögen empfängt, nicht die reine und absolute Wahrheit spricht und dementsprechend handelt und stattdessen eine Lüge unterbreitet, muss sofort jenes Amtes enthoben werden. Ein solcher verliere unwiderruflich sämtliche Bezüge und werde unverzüglich des Landes verwiesen, weil er sein Volk und seinen König betrogen und belogen habe."

Erst trat Stille ein, nachdem der König seine Rede beendet hatte, Stille für genau vier Sekunden. Dann aber brach es los: Ekstase explosionsartig, Toben und Tosen, brandendes Aufbrausen, Jubelschreie aus allen Kehlen, sodass selbst die wegen der Atemaussetzer in Ohnmacht

Gefallenen nicht anders konnten als sofort wieder aufzuwachen und in den ausgebrochenen Wahnsinn mit einzustimmen. Wahnsinn für genau vier Stunden. Kurz nach eins verließen Conradi VII. und seine Frau Aglaia den Balkon, zogen sich kurz in ihre Gemächer zurück, um sogleich die an diesem Tag etwas verspätete Mittagsmahlzeit ganz im Privaten einzunehmen.

Die Menschen in der Stadt bewegten sich nur ganz allmählich in verschiedene Richtungen. Sie lagen sich in den Armen, mit tränenüberströmten Gesichtern und über- und überglücklich, ausgelassen und unbeschreiblich erleichtert. Von einem Augenblick zum anderen verwandelten sich die Wahrlügier in das glücklichste Volk dieser Welt. Der Beginn des Freudenausbruches konnte übrigens in allen Messstationen rund um den Globus als leichtes bis mittleres Erdbeben registriert werden. Es war vollbracht, das Unbehagen wendete sich in einem Moment in eine nie da gewesene Zuversicht und Vorfreude auf die bessere Zukunft, die ihnen der König soeben erst versprochen hatte. Ab nun musste einfach alles noch besser werden. Durchschnitt war gestern, Überschwang heute.

Gleich nach dem Mittagsmahl rief der König eine außerordentliche Fest- und Marktwoche aus. Schulen und Betriebe blieben geschlossen, doch alles, was Kurzweil und Vergnügen versprach, sollte, ungehindert durch amtliche Auflagen oder Kontrollen, rund um die Uhr geöffnet haben, damit die Menschen ihr unbändiges Glück genießen konnten.

Nach dieser Woche zog der Alltag wieder langsam ein. Die Menschen gingen weiter zur Arbeit und die Kinder zur Schule. Die Heiterkeit jedoch war bei keinem verloren gegangen. Die Wahrlügier behielten sie in ihren Herzen und wenn sich zwei unterwegs begegneten, dann tauschten sie freudestrahlend einen Gruß aus, meist mit den Worten: „Ich wünsche Ihnen, mein Hochverehrtester, einen wunderschönen guten Tag", und setzten ihren Weg fort. Auch im Palast verhielten sich alle dem entsprechend, bis …, ja, bis eines Tages der freudige Gruß zweier Ratsherren ein klein wenig bescheidener ausfiel. Es war wirklich im ersten Moment kaum zu bemerken, aber beim genauen Hinhören fiel es den Umstehenden dann doch auf: Beide hohen Herren, es handelte sich um den Bildungsminister Alfred Sogol sowie um den obersten Richter Justinus Stiruia, senkten am Ende des Grußes auf seltsame Weise ihre Stimme. Am nächsten Tag grüßten sie sich nur noch mit den Worten: „Ich wünsche Ihnen, mein Verehrtester einen wunderschönen guten Tag." Dann wurde aus dem „wunderschönen" ein „schöner" Tag, bis schließlich, sechs Tage nach der ersten auffälligen Begebenheit, die beiden sich nur noch im Vorbeigehen kurz zuflüsterten: „Ich wünsche Ihnen einen Tag." Auf diese Grußformel einigten sie sich dann letztlich, denn nun entsprach sie der reinen Wahrheit. Nur um es kurz klar zu stellen: Beide Herren verstanden sich nach wie vor prächtig und hegten keinerlei Groll gegeneinander. Doch durch die neue Etikette fühlten sie sich dazu genötigt, all das besser nicht mehr auszusprechen, wogegen sich in ihrem Gewissen ein Widerstand regte, all das, was als nicht wahrheitsgemäß hätte gedeutet werden können.

Eine Serie weiterer seltsamer Ereignisse sorgte für Aufmerksamkeit. Während dieser Tage geschah es des Öfteren, dass eine der königlichen Mahlzeiten in einer abgespeckten Form vonstattenging. Gleich drei hochrangige Bedienstete hatten nämlich mehr oder weniger heimlich ihre Posten verlassen: Der Küchenchef selbst verschwand eines Nachts spurlos; der Mundschenk trat, wie verlautbart wurde, aus gesundheitlichen Gründen von seinem Amt zurück; der Einkäufer für die Lebensmittel wurde beim Verlassen des Landes beobachtet, schwer mit Koffern bepackt. Manche meinten, er träte bloß seinen längst überfälligen Resturlaub an, andere wiederum, er hätte sich für immer verabschiedet und wäre ausgewandert. Der Hintergrund aller drei Vorfälle blieb im Dunklen, aber neben den feinen Gerichten gab es auch feine Gerüchte und die besagten, dass auf den Tellern der hohen Herrschaften nicht immer die Dinge aufgetragen wurden, wie zuvor auf der Speisekarte angekündigt. Insbesondere bei Wild-, Pilz- und Fischgerichten hätte es da Unstimmigkeiten gegeben. Ob es zwischen diesem Verdacht und dem plötzlichen Verschwinden der drei Hauptverantwortlichen tatsächlich Zusammenhänge gab, darüber ließe sich im besten Fall spekulieren; ganz ausgeschlossen schien es aber nicht zu sein.

Der alltägliche Umgangston im Palast veränderte sich ebenfalls. Die Damen und Herren redeten viel weniger miteinander. Die Fröhlichkeit und ausgelassene bis angeheiterte Stimmung der ersten Tage ließ, kaum dass einige Zeit seit der Festwoche vergangen war, rasch nach. Niemand bewunderte mehr die neuen Kleider der Damen, die modischen Schuhe der Herren, die Haarschnitte, die Hüte und so weiter. In den Beratungen, Ausschusssitzungen und selbst in der Ministerrunde gab es kaum noch Wortmeldungen und Redebeiträge.

Entscheidungen verzögerten sich gefühlt bis ins Unendliche, so dass es bei allen Beteiligten zu nervlich bedingten Anspannungs- und Erregungszuständen kam. Die Minister, Bürgerräte, Amtsträger und Berater nahmen diese schlechte Stimmung mit nach Hause und so wurde nach und nach auch die Öffentlichkeit in Mitleidenschaft gezogen. Denn die Familienmitglieder, die durch die Unzufriedenheit der Würdenträger angesteckt wurden, konnten ihrerseits nicht anders, als die schlechte Laune in die Schulen, auf die Märkte, zu den Kaffeekränzchen und so weiter mitzunehmen und damit viele andere Menschen zu beeinflussen. Dies setzte sich solange fort, bis der noch vor kurzem allgegenwärtige Glückstaumel in eine allgemeine Depression umschlug und ganz Wahrlügien nahezu lahm legte. Die Regierungsgeschäfte kamen zum Stillstand, kein Händler traute sich mehr, seine Waren zu verkaufen, kein Vertrag wurde abgeschlossen und Aufträge wurden weder erteilt noch erledigt. Wie konnte es soweit kommen?

Doch damit längst nicht genug. Das Allerschlimmste ereignete sich erst am Altjahrsabend: Wie jedes Jahr traten König Conradi VII. und Aglaia auf den Balkon, um in einer feierlichen Ansprache der Bevölkerung für ihre gemeinsam erbrachten Dienste und Leistungen zu danken und allen für das kommende Jahr viel Glück und viel Segen zu wünschen. Als sie an dieser Stelle ihrer Rede angekommen waren, räusperte sich der König, wie immer vor einer bedeutsamen Ansage, und hielt noch eine kurze Nachrede, die den Menschen ebenso im Gedächtnis verhaftet bleiben sollte wie die Verlesung des verschollenen Gesetzestextes ein halbes Jahr zuvor. Der König sagte zum Schluss mit gerührter, fast unterdrückter Stimme: „Da sich mein Versprechen, euch eine glorreiche Zukunft zu bescheren, offenkundig nicht erfüllt hat, muss ich euch zu meinem tiefsten Bedauern gestehen, euch hierin belogen zu haben. Als festgeschriebene Konsequenz daraus lege ich mit sofortiger Wirkung meine Krone und mein Amt nieder und übergebe beides an meinen ältesten Sohn, Prinz Wenzel. Lang lebe König Wenzel V.! ... Möge es ihm besser gelingen als mir. Meine Gemahlin und ich, wir werden morgen das Land verlassen und verzichten auf alle weiteren Privilegien. So lebt denn wohl. Verzeiht mir und vergesst uns bitte nicht. Wir danken euch von Herzen. Es war mir eine unaussprechliche Ehre, euer Fürst gewesen sein zu dürfen. Lebt wohl."

Keiner der Anwesenden war in der Lage, auch nur ein einziges Wort zu sagen. Selbst die Ausrufung des neuen Königs war niemand imstande durch Akklamation zu erwidern und – es fiel nicht einmal jemandem auf. So starr vor Schreck und Schock – keiner konnte sich eines solch blanken Grausens entsinnen, das schlagartig alle Menschen überfiel. Die Messungen in den Erdbebenstationen der Nachbarländer hätten wohl ergeben, dass Wahrlügien sich soeben in Luft aufgelöst haben musste und für immer vom Erdboden verschwunden war. Kein Laut, keine Regung, nur Stille und pures Entsetzen. Angst machte sich breit, sie war förmlich mit den Händen zu greifen. Die Menschen irrten geduckt mit hochgezogenen Schultern durch die Stadt und wagten es kaum, ihren Blick zur Seite, geschweige denn nach oben zu richten. Welche Katastrophe würde sie als nächstes ereilen?

Nein, damit musste jetzt Schluss sein. Es durfte nichts Schlimmes mehr geschehen. Diese Meinung war am darauf folgenden Neujahrstag immer häufiger zu hören, nachdem die Menschen wieder begonnen hatten miteinander zu reden. Das Königspaar hatte das Land inzwischen tatsächlich verlassen. Sie fanden Asyl in Ganzwahrien; ein bescheidener Landsitz wurde ihr neues Zuhause. Die Wahrlügier empfanden das alles als eine tiefe Schmach, nicht nur für ihren verehrten Ex-König und seine Gemahlin; jeder einzelne fühlte in seinem Inneren diesen Schmerz der Trauer wie nach dem Verlust eines geliebten Angehörigen oder Freundes. Nein, so konnte und durfte es beileibe nicht weitergehen. Die Bürgerinnen und Bürger mussten ihr Schicksal zumindest für einen Augenblick selbst in die Hand nehmen. Ihr Gerechtigkeitsempfinden schrie nach Genugtuung, nach Vergeltung; es musste ein Schuldiger für all diese grausamen Dinge gefunden und zur Rechenschaft gezogen werden. Und jetzt war es an der Zeit, dass der gute alte Alwin Staveri wieder die Bühne betrat. „War er es nicht, der das Unglück durch seinen verfluchten Fund erst ermöglichte?" – „Hätte er es nicht für sich behalten können?" – „Musste er, ausschließlich auf seinen persönlichen Vorteil bedacht, die Schriftrolle weitergeben, ja geradezu damit prahlen?" – „So eine unverschämte Tat hatte es nie vorher gegeben, und das aus reiner Geltungssucht." Und so weiter; alle waren sich einig bezüglich der Auslegung des damaligen Ereignisses. So musste es gewesen sein und deshalb war es so. Staveri musste weg!

Dreieinhalb Stunden später, als es schon dämmrig zu werden begann, huschte ein alter, gebeugter Mann die steile Treppe vom Hinterausgang seines Häuschens hinunter, seine Mütze tief ins Gesicht gezogen. Er trug nur einen kleinen Handkoffer bei sich, als er heimlich durch eine schmale Gasse in Richtung Stadtgrenze schlich. Außerhalb der äußeren Ringmauer führte ein Pfad, dann ein von hohen Büschen gesäumter Feldweg zu einem Waldstück, das eine knappe Meile entfernt lag. In diesem Wald verschwand der Alte und wurde danach nicht wieder gesehen.

Unterdessen trafen sich im Ratspalast Minister Sogol und Richter Stiruia zu einer internen Beratung. Nachdem sie die wahrheitsgemäße Grußformel ausgetauscht hatten, kamen sie rasch zum eigentlichen Thema ihrer Überlegungen. Denn nachdem Staveri anscheinend spurlos verschwunden war und somit niemand mehr zur Verantwortung gezogen werden konnte, mussten die Folgen des fatalen Gesetzes selbst gründlich überdacht werden. Nun war es aber bei den Wahrlügiern so, dass ein gültiges, durch einen König erlassenes Gesetz nicht wieder aufgehoben werden durfte. Diese Tradition hatten sie von den antiken Medern und Persern über-nommen. Es war demzufolge nicht möglich, das Gesetz einfach für ungültig zu erklären. Die beiden mussten tiefgründiger an die Sache herangehen. Die von ihnen erfundene Grußformel kam ihnen dabei unverhofft zu Hilfe: „Woher habe ich die Gewissheit", begann Stiruia, „ob ich Sie, Herr Minister, heute mit Verehrter, Verehrtester oder mit Hochverehrtester anreden darf? Wie kann ich mir sicher sein, dass ich keine Lüge ausspreche?" – „Sie haben Recht", entgegnete Sogol, „niemand kann es von sich aus und im Vorhinein wissen. Es kann doch heute so und morgen wieder ganz anders sein." So entspann sich eine lebhafte Diskussion darüber, ob Wahrheit immer Wahrheit bedeutete und Lüge immer Lüge. Das eine wie das andere wäre doch abhängig von mancherlei Umständen, meinten beide einstimmig. Sie kamen schlussendlich zu der gemeinsamen Position, dass Wahrheit sich immer erst im Nachhinein als solche erwiese. In der Gegenwart gäbe es aber weder wahr noch falsch, da es nicht möglich wäre, das eine objektiv mit dem anderen zu vergleichen.

Ja, es waren schon zwei sehr schlaue und pfiffige Ratsherren. Sie beriefen für den nächsten Tag eine Ratsversammlung ein und erklärten den anderen Mitgliedern des Führungsstabes und der hohen Bürgerschaft ihre Schlussfolgerungen. Alle hörten sehr aufmerksam zu und da sich keiner die Blöße geben wollte, zuzugeben, dass er irgendetwas von den Ausführungen nicht verstanden hätte, nickten alle bedächtig mit ihren Köpfen und quittierten das Ende der Redebeiträge mit gebührendem Beifall. Auch der neue König ließ sich davon überzeugen, denn schließlich waren es fleißige, anständige und hochstudierte Persönlichkeiten, die sich die neue Weisheit ausgedacht hatten. Sie musste somit wahr sein. König Wenzel V. erließ noch am Abend desselben Tages die entsprechende Verfügung, in der festgeschrieben wurde, alles Gesagte wäre gleichzeitig wahr und falsch und niemand dürfte deshalb mehr für sein Reden und Tun bestraft werden.

An diesem Tag bekam das Land seinen Namen Wahrlügien und das Leben begann sich von dem Moment an wieder zu normalisieren. Und wenn sie nicht gestorben sind, dann leben sie noch heute. Sie starben jedoch, die Wahrlügier, und das schon recht bald.

Nimmersatt

Wo es nichts gibt, ist auch kein Neid.
Wer jemanden liebt, teilt sein Leid.
Im Überfluss wächst der Verdruss,
weil ich, was dein ist, haben muss.
Denn das Mehr kennt niemals Genug,
so bleibt der Leere nichts als Fluch.

Irgendwie vertauscht

Herzgefühl Schmerzgewühl
Liebesband Diebeshand
Gefühlgewühl Hand aufs Herz
Diebesbande Liebesschmerz

Rechtsspruch

Gerechtigkeit kann nicht entstehen, indem
Ungerechtigkeit gerächt wird.

Tausend Wunder

Sanft gleiten tausend weiße Wolken über das blass
verschleierte Himmelsblau,
finden tausend Stare im Muster schwärmend die reifen
Früchte im Kirschenbaum,
übergibt eine Lieschgrasähre tausendmal tausend gelbe
Pollen dem leisen Hauch
des Windes. Vorüber ist Johannistag, die Sonne neigt sich
abwärts in den weiten Raum.

Im Lichtschein wirbeln tausendmal zehntausend weiße
Kristallflocken über die Straße,
grüßt ein Lichtertanzmeer aus tausend hoch tausend
Sonnenteilchen magnetischer Gase,
vergessen sind tausend trübe Gedanken beim
staunenden Anblick dieser Winteroase
und die Sonne strebt nach dem kürzesten Tag wieder
aufwärts zum Gipfel ihrer Ekstase.

Ökologie

Die Waschwölfe wurden freigelassen.
Natürlich begannen sie sich zu vermehren
und wurden zu Schädlingen.
Vieles, womit wir uns befassen, ist gut gemeint.
Doch erweist es sich mitunter als nachteilig
für die einheimische Fauna und Flora.
Das Ökosystem ist viel zu komplex,
als dass es in seiner Gesamtheit auch nur annähernd
begriffen werden könnte.
Was gut ist für Elstern oder Krähen,
nämlich sie nicht abzuschießen,
schadet manchen Singvögeln.
Sie fühlen sich aus ihren Brutrevieren vertrieben
und ziehen sich zurück.
Für den Widerstand sind sie zu schwach.
‚Die Natur macht das schon', ist durchaus legitim zu
sagen.
Doch wenn uns die Selbstregulation der Natur nicht
passt,
zwingen wir sie zu ihrem Glück.
Und wenn sich das Glück dann in Pech verwandelt,
gibt es zum Glück ja noch den Glückskeks.
Der sagt dann, wie es weitergeht.

Tyrann

Ich bin es, sagt er zu sich selbst und zu allen:
Meine Ideen werden, nein, müssen euch gefallen.
Nur ich weiß genau, was in der Zukunft zählt.
Das verspreche ich euch, wenn ihr mich wählt.

Sitze ich erst auf dem höchsten Thron,
erhaltet ihr euren verdienten Lohn.
Das Glück beginnt in dem Moment,
in dem ihr mein Talent erkennt.

Ihr könnt mir rundherum vertrauen.
Die neue Welt werden wir bauen.
Dort kann ich machen, was ich will.
Die Hauptsache: Ihr haltet still.

Ich brauch dazu nur euer Geld,
weil es die Welt gerecht erhält.
Schließlich ist es höchste Zeit;
seid ihr fürs große Ziel bereit?

Jetzt fällt mir ein, auch eure Kinder
leben doch bei mir gesünder.
Bei mir sind sie gut aufgehoben,
ihr werdet meine Sorgfalt loben.

In Obhut nehme ich sie gern,
damit sie die Ideen hör'n,
auf die wir schon so lange schwör'n.
Das wird euch doch nicht etwa stör'n?

Ach ja und bitte macht doch mit,
dann kommt die Sache rasch in Tritt.
Verhaltet euch doch gleichermaßen,
zumindest draußen auf den Straßen.

Anstand ist's, was uns gebührt.
Der Anständigste wird gekürt
zum Oberanverstandsverwalter
und zum neuen Rechtsgestalter.

Ich habe leider keine Wahl,
für mich seid ihr jetzt eine Zahl.
Viel leichter wird's zum Kontrollieren
und euch kann gar nichts mehr passieren.

Wenn jemand aus der Reihe springt
und gar sein eignes Liedchen singt,
habt keine Angst, ich kümmere schon
mich gleich um den verlor'nen Sohn.

Denn ich hab doch für jedermann
den ultimativ guten Plan.
Die Guten kommen hier ins Töpfchen,
die anderen ins … na, ihr wisst schon.

So bleibt die Ordnung stets gewahrt.
Ihr wollt doch auch den starken Staat.
Der Staat ist er, der sagt: Ich bin.
Und unser Tod ist sein Gewinn.

Stadtlandfluss

Die Stadt ist hell erleuchtet, doch sie findet keine Ruh.
Und jeden Tag aufs Neue kommt ein großer Stern hinzu.
Er fügt sich ein ins Räderwerk, in die Betriebsamkeit,
ins Glück hineingestoßen, in den Schoß der neuen Zeit.

Das Wechselspiel pausiert niemals, dagegen und dafür.
Allgegenwart der Ungeduld, Veränderung ist hier
das täglich Brot, das nie genügt. Bewegung ist das Ziel
und gehen nachts die Lichter an, weiß jeder, was er will.

Das Angebot ist grenzenlos, ist kaum zu überschauen.
Wo ist es jetzt, das große Glück, das
Allzuleichtvertrauen?
Es offenbart sich meist nur im verborgenen Versteck
und Risiko und Nebenwirkung führt es im Gepäck.

So folgt ein Tag dem anderen, das Leben bleibt im Fluss.
Einer sagt A, ein andrer Stopp, bei Z ist selten Schluss.
Bis alles sich von ganz allein und immer mehr vermischt
und unbemerkt ein kleiner Stern von selbst wieder
erlischt.

(in Gedenken an Eric)

Troia

O, wie konnte dies geschehen?
Troia, niemals ward gesehen
eine Stolzere als du.
Weine,
ja beweine
deinen Sturz
nur immerzu.

Sicherer Hort für deine Kinder, Schutz für deine schönen
Frauen.
Ruheort für deine Krieger, herrlich prächtig
anzuschauen.
Thronst erhaben auf dem Hügel, deine Kraft dich nie
verlässt,
deine Mauern, ach so wehrhaft, deine Tore, stark und
fest.

Sag, wer könnte dich bezwingen? Keiner, dem dies je
gelang.
Jedes Kämpfen, jedes Ringen führt dich in den höchsten
Rang.
Deine Seele strotzt vor Leben, alles schart sich um dich
her.
Reichtum, Wohlstand kannst du geben jedermann und
Gut und Ehr.

Deine edlen Helden strahlen, fürchten nichts als
Götterzorn,
eilen rasch von Sieg zu Sieg und stoßen laut ins
Jubelhorn.

Selbst die größte Meeresflotte jagt dir keinen Schrecken ein,
deine Festung uneinnehmbar glänzt so hell im Sonnenschein.

Deine Kraft, dein Mut, dein Wesen, deine Macht, dein Schild, dein Schwert,
deine Rüstung, deine Bögen, deine Kämpfer sturmbewährt.
Deine Feste, deine Feiern, deiner Lieder voller Klang,
deine Priester, dein Orakel, deinen Göttern Lobgesang.

Könnt es so nur immer bleiben, o der Menschheit holde Zier,
und dein hochbeglücktes Treiben ewig dauern, ewig hier.
Könnt das Schicksal dich vergessen, stille halten alle Zeit,
alles hättest du besessen, Segen für die Ewigkeit.

Aber nichts ist unvergänglich hier auf diesem Erdenrund,
für dein eigenes Verhängnis findet sich gewiss ein Grund.
Eine altbewährte Weisheit zeigt sich wieder einmal wahr:
In der allergrößten Stärke lauert gleichsam die Gefahr.

Deine Unbesiegbarkeit wob Schleier über den Verstand
und in deiner Sicherheit nahm Leichtsinn schleichend überhand.
Angesichts deines Triumphes, deiner Allmachtsphantasie
hörtest du auf keine Warnung, keine Unheilsprophetie.

Fühltest mächtig dich geschmeichelt durch ein
übergroßes Pferd.
Das Geschenk für deine Götter, das war aller Ehren wert.
Hochverdient bestätigt es nur deine Überlegenheit.
Doch die Feinde spekulierten auf die Überheblichkeit.

Und sie sollten Recht behalten, packten dich bei deinem
Stolz,
sandten tödliche Gefährten in dem Tierkoloss aus Holz.
Du selbst öffnetest die Tore, schlugst die Bresche in den
Wall.
Anstatt einer Siegesfeier kam nach Hochmut jäh dein
Fall.

Aus dem Innern schlüpft der Gegner und bezwingt dich
hinterrücks.
Stadt in Flammen, kein Entrinnen, Charon wartet an der
Styx.
Wer ist da, der dir das Antlitz noch mit Obolus bedeckt?
Überwältigt und in Trümmern bist du elendig verreckt.

O, wie konnte dies geschehen?
Troia, niemals ward gesehen
eine Stolzere als du.
Nein, o Troia, nein!
Kannst du dir das verzeihen?
Dein Leichtmut brachte dich zu Fall.
Wo bist du, Troia?
Überall!

Eindurchander

Erst stirbt der Genitiv, dann die Moral. Doch es gibt eine
neue.
Die Hoffnung stirbt zuletzt, zuvor die Liebe und die
Treue.
Nein, Liebe stirbt nicht, sie erkaltet. Und die Treue ist
veraltet.
Wann stirbt eigentlich der Schwan? Oder ist das bloß ein
Wahn,
ein Märchen, eine Legende, eine Überlieferung, reine
Poesie?
Gehirnzellen sterben ab, auch ohne Poesie, ohne
Allegorie.
Daran gibt es nichts zu deuteln, dafür den Beweis jeden
Tag live auf Sendung.
Die rechte und die linke Gehirnhälfte sind beide blind.
Dafür hört eine Hand nicht, was die andere tut.
Und ein Ohr wäscht das andere, soweit die Füße sehen.
Liebe geht entweder durch den Magen oder an die
Nieren.
Nach dem Erkalten kriecht sie auf allen Vieren.
Wenn man etwas pustet, kühlt es schneller ab, nur Eis
erwärmt sich dabei.
Denkt noch jemand an die Treue oder an die Moral vom
Genitiv?

www

Wahnwitzige Weihnachtswünsche wohlverzogener
Wehleidigkeitsleider warten wahrhaft weniger wegen
Werleerung, wohingegen Werfüllung wohlweißlich
wichtiger währt. Was weiterhin wissentlich willfähriger
weilt, wissen witziger Weise wohl weder Wissenschaft,
Wichtelei, Wettbüro, www, wer widerspricht wem.

Ohne Gewähr, dafür mit Spiegel

Gegen wen ist das Gewehr gerichtet, gegen Wehr und
gegen was?
Gewähr wird doch nur dem gewährt, der sich gegen den
nicht wehrt.
Denn sich gegen Wehr zu wehren, wäre grundlegend
verkehrt.
Man hätte lediglich dagegen seine Gegenwehr vermehrt
und zuletzt wären die Wehren gegen jeden Wen
verzehrt.
Wer hat sich gegen wen gewehrt und dabei Gegenwehr
gewährt?
Mehr hat sich gegen Wehr gekehrt und sich durch den
Verzehr genährt.
Das Gewehr hat sich verhört und dann am Ende selbst
zerstört.
Gegen Zehn ist dieser Vers gedichtet, wegen Zehr und
wegen Spaß!

nah beieinander

extra klein gemacht, extra fein bedacht,
richtig ausstaffiert, nichtig ausradiert,
wieder Blumen kaufen, wieder dumm gelaufen,
niedlich rausgeputzt, friedlich ausgenutzt,
magisch angezogen, tragisch angelogen,
voller Ehr gekrönt, folgenschwer verhöhnt,
reinlich eingeführt, peinlich eingerührt,
mächtig ausgeheult, prächtig ausgebeult,
köstlich amüsiert, untröstlich brüskiert,
unbekannt verreist, ungenannt verwaist,
genial verhandelt, trivial verwandelt,
unbeschwert verzichtet, umgekehrt gedichtet,

Komponieren
Kompostieren
Kondensieren
Konferieren
Konzentrieren
Konzertieren
Komplettieren
Kommentieren
Konstruieren
Kongruieren
Wo ist da der Unterschied?

Sicherheit geht alle etwas an

Zum Glück ist das Betreten der Baustelle verboten – ebenso wie das Betreten des Rasens. In dem einen Fall könnte ich selbst Schaden nehmen, im anderen der Rasen. Beides hätte vor allem Nachteile, sowohl für mich als auch für das Gras. Da haben die Pflanzen und ich ja etwas gemeinsam.

Ein einfaches Selbergedicht

Je weniger Experten wissen, desto mehr erklären sie.
Die wichtigsten Gefährten müssen sie dazu bekehren nie.
Dergestalt ist alles lose, manche werden überdrüssig.
Und deshalb ist schon der bloße Grund der Meinung überflüssig.
Schnell gesagt ist rasch getan, des Weiteren wird nichts gebraucht.
Alle werden mit Elan trotz heiteren Gesichts geschlaucht.
Doch unvermittelt zeigt sich dann die wahre Existenz des Ganzen.
Und zoologisch interessant ist auch die Resistenz bei Wanzen.
Haltet aus, kein Schritt zurück, alles, was sich reimt, ist recht.
Kalter Graus, Eintritt ins Glück, alles, was nicht keimt, ist schlecht.

Kontext

Die Abstufungen im Detail so präzise zu erfassen, wie es für das Ziehen exakter Rückschlüsse aus den vorliegenden Ergebnissen erforderlich wäre, ist aufgrund der speziellen Gegebenheiten im Vorfeld der Untersuchung kaum realisierbar; dies verlangt daher eine besondere Sorgfalt von allen Beteiligten. Davon ausgenommen ist selbstverständlich das ZDF.

Kontrast

Die Abstufungen im Detail so präzise zu verblassen, dass das Ziehen exakter Rückschlüsse aus den vorliegenden Ergebnissen nicht mehr realisierbar wäre, ist aufgrund der speziellen Gegebenheiten im Vorfeld der Untersuchung kaum erforderlich; dies verlangt daher keine besondere Sorgfalt von allen Beteiligten. Davon eingenommen ist selbstverständlich die ARD.

Schade

Nichts ist in diesen Tagen so eingeschränkt verfügbar wie Intelligenz. Dort wo sie ist, ist sie unerwünscht. Und dort wo sie sein sollte, ist sie unbekannt.

Willkommen im 21. Jahrhundert

Wenn die Toleranten gegenüber allem tolerant sind außer gegenüber dem, was nicht ihrer Moral entspricht...

Wenn die Gegner der Gegner der Demokratie alles kaputt schlagen, was nicht ihrer Moral entspricht...

Wenn die Philen gegenüber denen phob sind, die nicht ihrer Moral entsprechen, aber phil gegenüber denen, die tatsächlich phob sind...

Wenn die Denker denken, sie seien persönlich für die Glorie des Abendlandes verantwortlich, es aber gleichzeitig verleugnen, weil es nicht ihrer Moral entspricht...

Wenn die Guten fest davon überzeugt sind, das Gute zu tun, weil es ihrer Moral entspricht...

Wenn die Aufstrebenden sich sicher sind, dass es nur die Wahrheit geben kann, die ihrer Moral entspricht...

Wenn die Moralisten nicht mehr wissen, dass Moral nur so lange moralisch ist, bis es eine Moral gibt, die nicht mehr ihrer Moral entspricht...

Wenn Wissensvermittler nicht mehr wissen, was sie eigentlich wissen könnten, stattdessen das Nichtwissen durch Moral ersetzen...

Wenn Entscheider Angst davor haben, ihre Moral in Frage zu stellen, weil es das einzige scheint, was sie zu besitzen glauben...

Wenn die Gläubigen glauben, die Moral der Glaubensspender sei alternativlos...

Wenn die Glaubensspender glauben, der Glauben der Gläubigen sei unmoralisch...

Wenn niemand mehr etwas von all dem bemerkt...

Selbstgespräch eines Tyrannen

Dumm sind immer die anderen. Weil sie nicht nachge-
ben. Dabei habe ich doch Recht. Das verstehe ich nicht.
Mit diesem Widerstand war kaum zu rechnen. Und je
dümmer desto heftiger. Unfassbar idiotisch ist das
Ganze. Keiner will doch was Böses. Warum sehen die das
nicht ein? Ist das denn so schwer? Es begann alles so
verheißungsvoll. Dann immer wieder diese Uneinsichtig-
keit. So was Dummes aber auch. Ich werde wohl andere
Saiten aufziehen müssen.

Kein Durchblick

Konzentriertes Erzittern im Gefüge von Gleichgültigkeit
ersprießt aus dem Naturell allerfeinster Irrtümer.
Die Gefahr dabei zu erkennen, ist denen nicht gegeben,
die der Überzeugung frönen, zu denen zu gehören,
die Überzeugung als Gefahr erachten.

Ohne Überschrift

Derzeit scheint es angemessen zu behaupten, die Dinge lägen genau anders herum.

Das Schicksal unterscheidet selten zwischen berechtigt und unberechtigt.

Die Voraussetzungen werden heutzutage nur noch sehr selten berücksichtigt.

Auf einem angerauten Betttuch schläft es sich besonders im Winter viel angenehmer.

Krisen verschärfen sich in der Regel so lange wie dies gewünscht wird.

Das Absterben von Bäumen ist durchaus nicht nur im Wald zu beobachten.

Nach einer Rentenerhöhung fließt das meiste Geld als Steuern wieder in die Staatskasse zurück.

Die Erinnerung an traumatische Erlebnisse in der Vergangenheit ist nur eingeschränkt möglich.

Die Wiederwahl des Bundespräsidenten ist eine Formalität, wenn auch eine sehr feierliche.

Wer den Dialog verweigert, ist mitunter kein schlechter Mensch.

Die Zuspitzung der Lage war im Vorfeld so nicht vorhersehbar.

Es ist normal, dass nicht alle Sätze gleich lang sind.

Herzenshoffnungstrost

Wie wird ein Herz müde, traurig, fassungslos,
ohnmächtig?
Sein Vertrauen wird missbraucht, seine Gutmütigkeit
ausgenutzt.
Weil es sich nicht wehren kann, verharrt es still
andächtig
und hofft auf das Wunder, das große unerwartete
Wunder.

Es weiß nicht mehr weiter, sucht nach Freunden und
Geschwistern.
Doch da sind wenige, die übrig geblieben sind von
früher.
Der Drang entsteht, sich unbedingt noch zu
vergewissern,
ob die neue Einsamkeit von Beginn an vorhersehbar war.

Während ein Herz sich unablässig und kummervoll
müht,
dem Verlorenen in verwüsteten Gassen nachzujagen,
geht ein treuer Zeuge am Wegesrand entlang und sieht
die berufenen Streiter im Wiesengrund wieder vereint.

Medienmacht

Wenn in der Suppe ein Haar schwimmt, wer ist daran schuld?
Früher war es der Koch, gewiss, kein Zweifel, ohne Frage.
Es sei denn, die Suppe kam aus der Tüte, dann war es irgendwer.
Heute ist man geneigt, der Suppe oder dem Haar selbst die Schuld zu geben.
Ich weiß nicht, ob das realistisch ist, geschweige denn sinnvoll.
Aber es scheint einen Versuch wert zu sein und vereinfacht die prekäre Situation enorm.
Das Gegenteil ist sowieso nicht beweisbar und deshalb versucht es auch niemand erst.
Und selbst wenn es gelänge: Die Spätnachrichten nähmen dennoch keine Notiz davon.
Dafür wäre der Erfolg nicht sensationell genug.
Er brächte kaum neue Abonnenten und somit auch keine Rendite.
Was sich nicht lohnt, ist keine Erwähnung wert.
Es sei denn, wiederum, es gäbe übergeordnete Interessen.
Dann schafft es auch schon mal eine Meldung in die Abendausgabe,
die, na ja, sagen wir mal, um es vorsichtig auszudrücken, ein wenig überbewertet ist.
Zum Beispiel, welche Promis in welchem Dschungel, Sie wissen schon…
Wie? Sie wissen nicht…, doch, Sie wissen…, Moment, jetzt muss ich selbst kurz…

Ah, ich verstehe, gerade das ... interessiert ... Sie ...
besonders.
Oh, dann bitte ich doch vielmals um Verzeihung.
Das war jetzt keineswegs meine Absicht, Ihnen da
irgendwie zu nahe zu ...
Ich dachte halt bloß, aber wenn das so ist, dann führe ich
das zweite Beispiel erst gar nicht an.
Nicht, dass ich mich dann einem Shitstorm gegenüber
sehe
und keine Gelegenheit mehr bekomme, die Sache aus
meiner Sicht zu schildern.
Ich verlöre dann womöglich meinen Job als einfacher
Bürger
und könnte mich nirgends mehr blicken lassen außer bei
... ach nee, das kann ich ja auch nicht sagen.
Am besten, ich belasse es einfach bei dem Haar in der
Suppe,
mache niemanden darauf aufmerksam, weise keinen
darauf hin.
Dann bleibe ich unauffällig und habe im Verdachtsfall
immer ein Alibi:
Ich habe nämlich mit Ihnen gemeinsam Fernsehen
geschaut,
„Big Promi is watching the jungle" oder so ähnlich war
das doch, nicht wahr?

Sphärenklänge

Es gibt Musik, die bis zum Himmel steigt,
ein Klang, der sich geheiligt zeigt,
ein Glück, das stets empor sich neigt,
bis es vollendet sich beschließt.

Es gibt Worte, die nach vorn sich wagen,
auch Unerhörtes von sich sagen,
die ebenso zum Himmel ragen
bis die Erhörung sie genießt.

Was denn noch...?

Interessen sind, gemessen am Essen, schnell vergessen.

Die Mehrzahl von Sorgfalt sind Sorgenfalten.

Demokratie ist die einzige Staatsform, in der Politiker
fest davon überzeugt sind, sie seien normal.

Lebenslügen

Wir denken, dass wir leben,
große Schätze heben,
nach Glück und Frieden streben.
Doch sind die Psychiatrien voll.

Dass wir uns unterhalten,
positiv verwalten,
kreativ gestalten.
Doch viele Kinder brauchen Tabletten.

Dass wir solide bauen,
zuversichtlich schauen,
uns immer mehr vertrauen.
Doch wer darf leben und wer nicht?

Dass wir zufrieden wandeln,
solidarisch handeln,
Zukünftiges verschandeln.
Wer kennt sich schon mit allem aus?

Dass wir im Spiegel sehen,
zurück statt vorwärts gehen,
die Fähnlein falsch rum wehen,
merken wir leider nicht.

Betriebsamkeit

Gefühlt ist's heute 40 Grad, vielleicht sogar noch heißer.
Der Lärm schwillt unerträglich an und wird kein
bisschen leiser.
Die Menschen auf der Straße, dabei fing es so gut an.
Die ganze Stadt versammelt sich zum Tanz auf dem
Vulkan.

Der Regisseur sitzt wie gewohnt an der Theaterkasse.
Von dort hat er den besten Blick in die verstörte Masse.
Sie rennen hin und her zu jedem Sonderangebot.
Selbst wenn beim nächsten Zahlungsvorgang ein Fiasko
droht.

Im Bahnhof fahren immer wieder neue Züge ein.
Die Fracht ist menschlicher Natur, meist kommen sie
allein.
Geschwind bewegen sie sich hin zur Ausgangsposition.
Ein Rädchen greift ins andere, dafür gibt es den Lohn.

Der Hochbetrieb beruhigt sich erst bei Sonnenuntergang.
Doch nach des Tages Hitze kündigt sich Gewitter an.
Dort droben die Walküren, unten tobt die Kriegerschar.
So muss es schon gewesen sein vor vierzehnhundert
Jahr'.

So ist das Leben

Konkurrenzverhalten günstige Einfamilienhäuser
Nullzinspolitik Steuernachzahlung Landtagsdebatten
intensivtherapeutische Wohngruppe gelungenes
Überraschungsmoment Lustbarkeiten mit anschließen-
dem Kinderopfer gewöhnungsbedürftige Stellenaus-
schreibung mit Einstellungsprämie Wiederansiedelung
von Wölfen Ackerrandstreifen Schlussreportage
Lebensmittelpunkt Elterngeld Breitbandnetzanschluss
Nachrichtenagentur Ordnungswidrigkeit Schokoladen-
weihnachtsmänner ab September geheime Zusatzproto-
kolle orthopädische Schuhmacherwerkstatt Rücken-
schule im Fitnessstudio Klimabotschafter*innen vor
geschlossenen Staatsgalerien Sondertarife im öffentlichen
Nahverkehr Balkanroute Fahrscheinkontrolle Geheim-
zahl und Passwort Wehretat Feinstaubbelastung
Gießkannenprinzip Kabelbruch Pflegestärkungsgesetze
Unterschriftsberechtigte löchrige Rettungsschirme kein
Gleichstellungsbeauftragter keine Geschwindigkeits-
begrenzung automatische Schließanlage Arbeitnehmer-
sparzulage plus Ausbildungsvergütung Versand-
apotheke mit Sonnenschutzfaktor Zwangsehe Kultur-
staatsminister Fusionsreaktor Freiwilligendienst
angeordnete Staatstrauer mehr Bürgerbeteiligung
unmoderne Schlafcouch Marderschaden Industriepark
neue Seenlandschaft extensive Weidewirtschaft bei
Direktvermarktung vegane Nahrungsergänzungsmittel
Eichenprozessionsspinner Rückgaberecht für Heizdecken
Autobahndreieck Enkeltrick Erbschaftssteuerfreibeträge
Direktmandat Naherholungsgebiet Möbelrestauration
Online-Petition Fallrückzieher Ausschlussverfahren

Allradantrieb Speckgürtel Überziehungskredit (Dispo)
Orgelkantate Plagiatsvorwurf Entschädigung im
Dieselskandal Zufallsprinzip Reitabzeichen für Kinder
ermäßigter Eintritt Generationenvertrag Gesamtschule
Solidaritätskundgebung Nachtclubbesitzer Gartenlaube
Pauschalreiseveranstalter Guinnessbuch der Rekorde
Einbauküche Gesangsverein allgemeiner Werteverfall
Motivationstrainer Schuldenpaket Holzkohlengrill
Silberhochzeit gewachsene Strukturen Nachhaltigkeit
Erfolgsgarantie Kleinkläranlage Sicherheitsberaterin
Flugschreiber akademisches Viertel Stadtplanung
Abfallwirtschaft Entwicklungsgesellschaft Bundesliga
Komfortzone Schlaglöcher Pille danach Rückruftaste
steigende Eigenanteile Schweigegeld Zugverspätung
Wohnungsbaugenossenschaft Gewerkschaftsvertreter
Kriminalitätsrate Deutschland sucht den Impfpass und
den Superstar bewährter Lösungsansatz Gletscher-
schmelze Nachbarschaftsstreit Vermessungsingenieur
Dauerbrause Wanderwegenetz Elfmeterschießen bis zur
Entscheidung Generalaussprache zur Regierungserklä-
rung Buchmesse Kreisgebietsreform bilateraler
Meinungsaustausch Kirchenaustrittswelle Streuobst-
wiese Stabilitätskriterien Mindesthaltbarkeitsdatum
Gedenkveranstaltung Erkenntnisinteresse Wortsalat
Massentierhaltung Freihandelsabkommen Gesetzeslücke
Induktionsherd Ausnüchterungszelle Waffenstillstands-
verhandlungen Spielerberater Unwetterwarnung
Gebührenbescheid Tarifautonomie Sondermüll Straf-
verfolgungsbehörde Kontinentalverschiebungstheorie
Wettervorhersage Extremsportart Bohrinsel Landschafts-
architektin Temperatursturz Schreibschrift Geschmacks-
verstärker Lawinengefahr Ampelgrünphase Jahrhundert-

ereignis Ladestation Mistgabel Raumluftentfeuchter
Vogel des Jahres außerordentliche Mitgliederversamm-
lung Transportunternehmen Selbstbestimmung Well-
blechdach Aussegnungshalle Weiterbildungsangebote
Steuerausfälle in Milliardenhöhe unbefristetes
Anstellungsverhältnis Rechthaberei Fernsehsessel
Amtsenthebungsverfahren Rolle rückwärts Überschall-
flugzeug Konservierungsmittel Unterseeboot Güterbahn-
hof Reiserücktrittsversicherung freier Marktzugang
Seenotrettungskreuzer Gesellenstück Geheimabsprachen
Tilgungsaussetzungsdarlehen Umweltaktivist*innen
Rauchgasvergiftung Schuhanzieher Nichtangriffspakt
Generalvollmacht Kartoffelkäferlarven Bananenschalen
Minimalziel Elektrokardiogramm Lohnsteuerjahresaus-
gleich mit gemeinsamer Veranlagung Kontaktbereichs-
beamter Härtefallregelung Kirchturmuhr Zerstörungs-
wut Betriebsschlosserei Wellnesshotel Sozialdienst-
leistungen Vergeltungsschlag Metalldetektor Jagdhorn-
bläserensemble Ausgehuniform Postwertzeichen
Strandpromenade Dreifachverglasung Liveübertragung
Zielfernrohr Verkehrssünderkartei Entwicklungshilfe
Mobiltelefon Jahresabonnement Ehrenamtspauschale
Bergsteigermüsli Bandscheibenvorfall Charakterfrage
Bundesverfassungsrichter Druckkugelschreiber
Urnenbestattung

Mein Leben gestern, heute und morgen

Das Gestern lebt
In mir noch fort
Im Herzen klebt
Fast jedes Wort
Der Widerklang
Brennt sich fest ein
Hallt ewig lang
Durch Mark und Bein
Und jeder Blick
Der mich umfing
Weicht nicht zurück
Bleibt wie ein Ring
Dem Umhang gleich
Der mich umhüllt
Ein Schattenreich
Damit gefüllt
Manch goldner Strahl
Scheint immer noch
Doch manche Qual
Welch tiefes Loch
Manch Hochgefühl
Ein Bild so bunt
Doch Schmerzgewühl
Zieht in den Schlund
Im Traumgesicht
Erscheint es bald
Launisch durchbricht
Es mit Gewalt
Die Riegeltür
Bis zum Verstand

Gewinnt dafür
Die Oberhand
Erinnerung
An das was war
Erneuerung
Des was geschah
Teures Geleit
Ein Leben lang
Durch Raum und Zeit
Von Anfang an
Lichter scheinen
Kinder lachen
Kinder weinen
Engel wachen
So begegnet
Mir mein Leben
Wird geebnet
Alles Streben
Alles Zaudern
Alles Wagen
Alles Schaudern
Alles Jagen
Erst am Abend
Bringt der Schleier
Heimlich labend
Abenteuer
Wirkt befreiend
Aus der Klammer
Deckt verzeihend
Zu den Jammer
Dann hüllt mich ein
Wieder beglückt

Das neue Sein
Der Welt entrückt

Zur Geburt eines Kindes

erster Lichtstrahl in die Seele
erster kalter Schreckenshauch
erster Schrei aus zarter Kehle
erstes Schlummern auf dem Bauch
erstes streichelndes Berühren
erster Aufschlag mit den Lidern
erster Schluck mit Liebesschwüren
erstes Strecken in den Gliedern
erster Tag im neuen Leben
erster sanfter Augenblick
erstes freudiges Erbeben
Kind, ich wünsche dir viel Glück

Vorboten

Wenn Rauch durch den Schornstein entweicht,
ist es drinnen im Haus wohlig warm.
Wenn das Holz für den ganzen Winter reicht,
zeugt das von vorausschauendem Handeln.
Wenn der Frost früher als erwartet kam,
um Leben in Starre zu verwandeln,
dann nahen die Zeiten,
um Feuer zu bereiten.

Wenn Licht durch die Vorhänge dringt,
kündigt sich die Frühlingsbrise an.
Die Sehnsucht steigt, der es gewiss gelingt,
die neue Luft sich einzuverleiben.
Sind erst eingewoben in ihren Bann,
die darinnen für immer verbleiben,
öffnen sich die Weiten,
um Frieden zu verbreiten.

Die kürzeste Fabel

„Auf", erwiderte der Rabe. – „Warum?"

(von Markus Korell)

alithiphobie

Jeder braucht doch Geld und tut, was ihm gefällt, oder
halt, was er tun muss, so ist das in der Welt.
Groß ist die Artemis der Epheser!

Die Mehrheit hat die Mehrheit, aber mehr auch nicht. Sie
ist oft weit entfernt vom Licht.
Groß ist die Artemis der Epheser!

Je öfter ich dasselbe immer immer wieder sage,
desto weniger stellt jemand es in Frage.
Groß ist die Artemis der Epheser!

Wer zweifelt wird gemieden, mit Einsamkeit beschieden.
Ach, hätte er doch bloß geschwiegen.
Groß ist die Artemis der Epheser!

Die heile Welt beschützen wird doch allen nützen,
umso länger werden wir ganz oben sitzen.
Groß ist die Artemis der Epheser!

Untergang

Stolz laufen die Wellen auf den Strand der einsam
gelegenen Insel.
Eine nach der anderen rollt heran und gleitet über Kies
und Sand
auf den Schutzwall zu. Jede Welle ist etwas größer und
stärker
als die vorhergehende. Noch steht der Wall fest
beziehungsweise
auf festem Grund. Doch die Wasserkante schiebt sich
Millimeter
für Millimeter, Stückchen für Stückchen,
scheibchenweise
nach vorne dem Bollwerk entgegen. Es sind nur sehr
wenige,
die diesen schleichenden Prozess beobachten und noch
viel weniger,
die eine Ahnung davon haben, was man dagegen
unternehmen könne.
Die allermeisten stehen staunend am Strand und
genießen den Anblick
der tosenden Wassermassen sowie das beruhigende
Geräusch,
das immer wiederkehrende und niemals abklingende,
dieses
unendlich gleichmäßig an- und abschwellende Rauschen,
das alle Sinne anspricht und für ein kaum zu
beschreibendes Glücksempfinden sorgt.
Im Gleichzug des Atems, im Gleichklang der Seele
versprüht

die See ein nicht für möglich gehaltenes, wohliges Zufriedenheitsgefühl,
eine Harmonisierung der alltäglichen Gegensätze des Sowohl als Auch,
verbunden mit dem schier unwiderstehlichen Drang des Wunsches
einer nicht nachlassenden Sehnsucht nach der Vereinigung mit dem
so vertrauten, Leben verheißenden, friedvollen Miteinander der Elemente.
Das Wasser beginnt unterdessen am Fundament der Mauer zu nagen, unmerklich
und eigentlich noch nicht der Erwähnung wert.
Zu mächtig ist die Barrikade, bewährt über Jahrhunderte hinweg.
Milliarden von Wellen kamen und gingen im Laufe der Zeit,
ohne auch nur den Anschein des Hauchs einer Gefahr darzustellen.
Generationen von Lebenden genossen die heilsame Atmosphäre,
kamen und gingen seitdem wie das Wasser selbst, von Glück durchtränkt
und, jedes Anflugs von Anspannung und Belastung enthoben, bereit
zur Hingabe an die täglichen Herausforderungen des einträchtigen Miteinanders.
Für die Ewigkeit soll, ja muss es sein, für eine neue Ewigkeit.
Du Insel der Seligen, der Fröhlichen, der Vereinten, der Friedfertigen,

der Ausschau Haltenden, der Ruhmreichen, der Begeisterten.

Erinnert ihr euch einst an Atlantis, dann vergesst nicht, es waren die Wellen – der Empörung, der Rebellion, der Überheblichkeit,

des Eigensinns, des Neids, des nicht erkannten Hasses, des Leichtsinns,

der Taubheit, der Blindheit und des Unverständnisses.

An der Seite Sodoms und Gomorrhas wirst du einst aus dem Meer emporsteigen

und mit schamverhülltem Antlitz deines vergangenen Glückes gedenken.

Jetzt haben wir nur noch dich, Babylon.

Trost für einen Ohnmächtigen

Was machst du dir bloß solche Sorgen?
Du beschwerst dein Herz unnötigerweise.
Ja, ich weiß, dass du es gut mit allen meinst.
Und, ja, ich weiß auch, dass du sie warnen möchtest.
Aber wozu, es geht ihnen allen doch gut.
Sie vermissen nichts weiter.
Gut, rundherum glücklich sind die wenigsten,
aber schließlich sind sie doch bereit,
die kleinen Unwägbarkeiten frag- und klaglos
hinzunehmen.
Du machst dir also umsonst Sorgen.
Es betrübt niemanden, selbst,
wenn es das vielleicht gelegentlich sollte.
Aber du darfst das nicht so verbissen sehen.
Jeder ist seines eigenen Glückes und auch Peches
Schmied.
Jeder ist für sich selbst verantwortlich.
Und jeder hat dieselben Voraussetzungen wie du,
kann sich also völlig unvoreingenommen
mit den Gegebenheiten und den Veränderungen vertraut
machen.
Was bringt dir das viele Sorgen?
Du änderst es schließlich sowieso nicht.
Was beschlossen ist, ist beschlossen.
Irgendwann wird es schon so weit sein,
dass sie es selbst bemerken.
Aber bis dahin finde du deine Ruhe wieder.
Schlaf ist wichtig und du musst ausgeruht sein.
Bei all dem, was noch auf dich zukommen wird,
kannst du dir keine Nachlässigkeit erlauben.

Wenn sie dich jetzt schon so sehr beanspruchen, die Sorgen.

Wie wird es dann erst später?

Wenn die Krise letztlich für alle sichtbar geworden ist.

Dann werden sie dir dafür die Schuld geben.

Schließlich hättest du sie ja warnen können.

Das erwarten sie von dir; nicht jetzt, aber später gewiss.

Wie redest du dich dann bloß heraus?

Darüber solltest du dir ernsthaft Gedanken machen.

Sie werden dann einen Schuldigen brauchen.

So war es schon immer und so wird es wieder sein.

Wenn ich dir einen guten Rat geben darf:

Zerbrich dir nicht das Gehirn bei dem Versuch,

das Unausweichliche verhindern zu wollen.

Das vermehrt am Ende doch nur wieder die Sorgen und dann fehlt dir abermals der nötige Schlaf.

Du weißt doch ohnehin, wie es enden wird.

Wenn du das dann überstanden hast,

beginnt doch für dich erst das richtige Leben.

Das eine wie das andere ist so sicher wie das Amen in der Kirche.

Halte durch! Harre der Dinge, die da kommen und behalte das Ziel im Auge. Und schlafe in Frieden.

Angst

Angst, wo kommst du her? Wie Nebel aus Blei
umklammerst du das Herz.
Aber wer bist du? Gäbe es dich, wenn es mich nicht
gäbe?
Du bist an mich gebunden und ich an dich.

Angst, du bist so schwer. Gebe ich mich dir hin,
erdrückst du mich.
Ganz sanft, aber unausweichlich. Die Unruhe kriecht
empor,
nimmt Sinne und Verstand ein und – schweigt.

Angst, willst du noch mehr? Rauschloses Rauschen im
innersten,
strauchelndes Lauschen im hintersten Winkel der Seele,
durch lähmendes Tauschen gefangener Gedanken
verzehrt.

Angst, kommst mir immer näher. Treu fesselst du mich
auf dem Karussell mit Ketten,
in endlosem Drehen vom Schwindel des Geistes
durchdrungen.
Der Ausgang heißt Hoffnung, der ewigen Liebe
entsprungen.

Aus tiefsten Tiefen

Traumgesichter, verschleiert und doch unendlich klar.
Nachtgespinste, unsichtbar fern und doch greifbar nah.
Schlafvisionen, hilflos erdacht und doch zeitlos wahr.
Rückgriff aus der Vergangenheit, Ausblick auf das
Künftige,
wiederholte Sequenzen, im Nebel versunken, bis zur
nächsten Erinnerung.
Tiefen der Seele, Ergründung des Unergründlichen,
Ahnung des Unerahnlichen, Mischung des
Unermischlichen,
Flug der Flügellosen, Zug der Zügellosen, Trug der
Trügellosen,
Wahn des Wahnhaften, Bild des Bildhaften, Kraft des
Krafthaften,
Sekundenbruchteile der Ewigkeit, Stillstand des
Augenblicks.
Wiedergewesenes, Wiederverändertes,
Wiederverlorenes.
Überschauung des Geheimen, Wissung des
Nichtwissensmöglichen.
Überwindung des Windes, Überkindung des Kindes,
Überschwindung des Schwindes.
Verfleckung flackernder Fluktuationen,
Erweckung wackerer Wutkreationen,
Passung passender Passionen,
Fassung fassender Fassionen,
Himmelsdurchschwebung mit rötlichem Ausklang,
Höllendurchstrebung mit tödlichem Ausgang.
Du kommst, wenn du willst und gehst statt zu bleiben,
verzückst, um Gewissheit gewiss zu vertreiben.

Ich hatte mal einen Traum, mir ist bis heute nicht klar,
ob es tatsächlich ein Traum oder Tatsache war.
Warum habe ich am nächsten Morgen nicht nachgefragt,
sondern habe es im Verborgenen verwahrt?
Wüsste ich es, was änderte das?
So hat Es am Ende seinen Spaß.

Aufbruch ins Leben

Wenn die Blätter wieder fallen, kommt das Jahr zur
Ruhe,
ein letztes Farbspiel uns zugut, aus seiner bunten Truhe.
Der Abschluss wird vergoldet, gewiss aus jenem Grund,
dass selig wir erwarten des Frühlings erste Stund.
Die angelegten Knospen harren längst auf den Moment,
bis zart geflochten sich das Wunder von der Hülle trennt.
Wie entfesselt schlägt es seinen Schutzmantel zurück
und strebt dem Licht entgegen, voller Kraft dem neuen
Glück.
Das Jahr läuft seine Kreise wie die Erde und der Mond,
zeigt uns auf seine Weise, dass im Himmel jemand
thront.

Natürlich unnatürlich

Ganze Landstriche sind über- und übersät mit
Mauselöchern.
Landläufig spricht man in solch einem Fall wohl von
einer Plage.
Aber so sind die Tierchen nun mal: Sie kümmern sich
tagein tagaus
um ihre Nahrung, ihren Nachwuchs und, wenn es soweit
ist,
um das Überleben im Winter.
Dabei haben sie die unterschiedlichsten Strategien:
Bei den Mäusen gehört das Buddeln von Löchern
und unterirdischen Ganganlagen unmittelbar dazu.
Deshalb brauchen wir uns über die Mauselöcher nicht zu
wundern.
Ameisen zum Beispiel häufen Pflanzenabfälle zu großen
Wohnhügeln auf,
sammeln alles, was sie in ihrer Umgebung an
Verwertbarem finden.
Das ist deren Strategie, weshalb auch der Anblick eines
Ameisenhaufens an sich ebenfalls nicht verwunderlich
ist.
Genauso wenig wie ein Fuchsbau, eine Biberburg,
ein Reisighaufen oder Holzstapel, in dem Käfer oder
andere Insekten leben und überwintern.
Das menschliche Leben war vor allem in früheren Zeiten
desgleichen geprägt
von den unterschiedlichsten Strategien zur Sicherung der
Existenz.
In vielen Teilen unseres Planeten ist es nach wie vor so,

dass das tägliche Sorgen um die Nahrung und das Überleben der Kinder
die den Alltag dieser Menschen allein bestimmende Aufgabe ist.
Da haben wir in Mitteleuropa ganz andere Probleme.
Ein vierstündiger Stromausfall etwa kann uns leicht an den Rand
des Zusammenbruchs unserer Zivilisation führen.
Die Ärmsten der Armen dagegen wären gegen solch ein Unglück immun,
wissen sie doch weder was Strom bewirkt noch kennen sie die Folgen dessen Ausfalls.
Vielleicht dauert es gar nicht mehr so lange
und wir befinden uns wieder auf einem annähernd gleichen Level.
Denn leicht werden aus Stunden Tage. Danach wäre das Leben für alle wieder gerecht
und jeder wäre mit einem eigenen Mauseloch zufrieden.

Wendung des Geschicks – ein Psalm

Ungestüm sensibles Wolkenheim quält die Gemüter der
letzten Verarmten
der Seelen voller Sehnsucht und Wehmut ob der
vergangenen Geschenke
Zu wenige zu wenig Sonnenlicht dringt durch die
Wolkendecke hinunter
auf kaum zu erahnende Gefühlswallungen erschöpfter
Gestalten
Langes Warten langes Geduldsspiel mit ungewissem
Ausgang doch gewiss
denn unentrinnbar schleicht sich ein schon immer
Dagewesenes in den Mittelpunkt
Die Versuchung ist groß die Bedrängung unablässig
zulasten der Wackeren
und der treu befundenen Sterne im rastlosen Firmament
des Lebens
Wie durch Glasscheiben versperrt bleiben Gedanken der
Erneuerung zurück
hängen fest in Gespinsten feiner Fäden fusseliger
Fehldeutungen falsch
verstrickt und vergeblich bemüht die Entwirrung zu
treiben und drängen
rastlos besorgt die Beklemmung erahnend bedrückt und
begeistert zugleich
umgeben von Mauern sirenenbesetzt voll kluger
Gebährdungen
Zieht zurück zurück und stets nach vorn gerichtet
unbekümmert
und unbehelligt auf dem Felsen stehend Hände
ausgestreckt

tatkräftig zupackend für die letzten Verarmten die Sterne
ohne Sonnenlicht
entführt und eingesperrt doch nicht bezwungen kommt
von Zwang
heilloses Durcheinander in den Wolken den Gedanken
im Text
ohne Punkt und Komma ausgehobene Gräben mit
Zäunen umgeben
mit nasser Erde beschmutzt und kaum noch Wasser da
zum Waschen
zum Abwaschen des Blutes längst vergossener Tränen
längst vergessen
Sinn versprüht das Pochen der Elemente im untrüglichen
Zustand der Spannung
bereit dafür dafür zu welken zu sterben zu neuem Leben
frei nicht falsch
endlich entwirrt nicht gefangen das Glas ist in Scherben
zersprungen
Sternenlicht mit Sonnenlicht vereint im Reichtum der
Todesfrucht
Endlich endlich wahrgenommen und nicht mehr
versteckt
leise und laut zugleich farbenfroh ausgestaltet Spiegel
sind keine mehr da
Nur im See spiegelt sich der Schein schmerzhaft
schmutziger Scherben
schwelend vor sich hin und ungestüm jetzt selbst gequält
arm ist reich und reich ist arm gestrandet ganz ohne
Geschenke
nur noch eingewickelt in wallende Wolken
lichtentdrungen

gedankenverschlungen in Gespinsten feiner
fadenscheiniger Fussel falsch
für immer beschäftigt in sumpfigem Grund schwimmend
Hände ausgestreckt
wer greift zu die Verarmten sind verschwunden in
gleißendem Licht
wo weiß man nicht entfernt und nah zugleich immer
zugleich wer greift zu
Adam und Eva Josef und Maria wer greift zu wohin weiß
man nicht falsch

Kartenspiel

Es ist egal, ob man mit den richtigen Karten das falsche
oder mit falschen Karten das richtige Spiel spielt. Es gibt
immer nur Verlierer.

Die armen Kinder

Steine liegen. Kinder spielen, am Strand.
Wind kommt auf, säuselt zunächst leise.
Bäume biegen sich noch nicht. Wind ist noch zu schwach.
Wann geht es los? Sonne scheint doch schon.
Gras wächst auch, nur am Strand nicht. Dort spielen
Kinder.
Sie brauchen keine Steine. Sie stolpern bloß darüber.
Wind wird stärker. Wasseroberfläche kräuselt sich.
Blätter rascheln. Kinder spielen am Strand.
Trommeln erschallen, trommeln, trommeln,
Trommelschläge.
Steine freuen sich, beginnen zu wippen im Trommeltakt.
Wellen rollen. Wolken schieben sich vor Sonne.
Wind heult auf. Kinder heulen noch nicht. Sie spielen.
Steine rollen, wie Wellen.
Trommeln trommeln. Winde heulen. Wellen rollen.
Kinder spielen. Blätter fallen. Wellen rauschen, wie
Wind.
Wolkenfetzen verdichten sich zu einem Schleier, dicht
und dunkel.
Steine trommeln. Kinder stolpern. Wellen rollen, wie
Steine.
Seltsame Stimmung am Strand. Alles rollt, rauscht,
trommelt.
Alles heult, auch Kinder. Arme Kinder.
Schade, die armen Kinder. Spiel ist aus. Schade.

Labyrinth mit Ausgang

Die Himmel durchzogen von weisen Gedanken
sich schleichend durchweben mit allerlei Schranken
gebührlich gefeiert in rauschendem Glanze
mit wallenden Stoffen im lauschenden Tanze
bedeckt durch das liebliche Spüren der Lüfte
geschmeidig begleitet vom Wehen der Düfte
entsogen dem Kelch paradiesischer Bäume
im Lichte umsäuselnder sanftsamer Träume
entliehen dem golden verschlossenen Schreine
verborgen so still im entflossenen Scheine
gebündelter Strahlen aus ewiger Quelle
gefunden an einer verheimlichten Stelle
Als Zeugnis der wahren Bedeutung gepriesen
verständnisvoll durch die Verzweiflung gewiesen
kommt zögerlich nur die Natur zur Betrachtung
verfangen in unsichtbar dunkler Umnachtung
anfangs noch die Hoffnung auf jedem Gesichte
entfliehen zu können dem treuen Gerichte
doch trügerisch haftet der Blick an dem Stabe
der hinzeigt auf die weite Öffnung im Grabe
gespaltene Aussicht in großem Vertrauen
ein Ende der Finsternis noch zu erschauen
ganz wiedergewonnen aus kärglichem Boden
von neuem beseelt mit dem göttlichen Odem

Neues aus der Hauptstadt

Zugvögel, die niedriges Gras als Lebensraum bevorzugen,
müssen deshalb nicht zwangsläufig Verfechter von Rasenrobotern sein.
Künstliche Intelligenz komme allerdings sehr schnell auf diesen Gedanken,
denn das besagte Gartengerät passe prinzipiell präzise zum Persönlichkeitsprofil der sogenannten Kurzgrasvögel.
Dies sei ein deutlicher Beleg dafür,
so der Pressesprecher eines renommierten Forschungsinstitutes,
dass die in der künstlichen Intelligenz verwendeten Algorithmen für den Einsatz
in der personalisierten Werbung nach wie vor nahezu ungeeignet seien.
Diese Ansicht fordert den vehementen Widerspruch des Verbandes der gemeinen Werbewirtschaft heraus:
Tiere, die die Hälfte des Jahres auf einem anderen Kontinent verbringen,
so wird aus Kreisen des Verbandes verlautbart,
können unmöglich als repräsentative Referenzgruppe zugrunde gelegt werden.
Ein unabhängiges Gegengutachten solle dieses Argument wissenschaftlich untermauern.
Ebenfalls nicht begeistert davon, dass ausgerechnet Rasenroboter als Beispiel
für die lebhaft geführte Debatte herhalten müssen, ist,
wie nicht anders zu erwarten,

ein führender deutscher Hersteller dieses Markenqualitätsproduktes.

Die 46-jährige Geschäftsführerin des Unternehmens macht gegenüber der dpi deutlich,

es sei ein äußerst bedauerlicher Umstand, dass ausgerechnet ihr Vorzeigeartikel

im Mittelpunkt einer doch zumindest fragwürdigen Diskussion stehe.

Auch die Vertreterin einer Partei, deren Name der Farbe des Grases ähnelt,

macht auf die Gefahr einer zu einseitigen Betrachtungsweise aufmerksam.

Sie regt an, den Prozess stattdessen aktiv zu begleiten und notfalls mit einer

parallel durchzuführenden Nachhaltigkeitsprüfung zu behindern.

Immerhin sei es aber von großem Vorteil, dass sowohl Vögel als auch Roboter

in der Lage seien, auf regenerative Energiequellen zurückgreifen zu können.

Zur endgültigen Klärung des Sachverhaltes stellt das Bundesministerium für Bildung und Forschung,

das sich aus der früheren Hauptstadt in die laufende Auseinandersetzung eingeschaltet hat,

weitere finanzielle Unterstützung in Aussicht.

Schließlich sei der Forschungsstandort Deutschland auf die Entwicklung neuer Technologien angewiesen,

wie aus Ministeriumskreisen immer wieder zu hören ist.

Letzteres sei auch ein vorrangiges Anliegen des Wirtschaftsministeriums,

das in dem Zusammenhang unter gewissen Voraussetzungen

auch eine Co-Finanzierung ausgewählter Leitprojekte in Erwägung zieht.

Entsprechende Pläne für das Antragsverfahren seien nach Abstimmung

mit dem Bundesfinanzminister bereits auf den Weg gebracht.

Schließlich solle die Ausschüttung der Fördermittel noch in diesem Jahrhundert beginnen.

Es müsse endlich einmal gelingen, fügt schließlich der Kanzleramtsminister

im Rahmen seiner Pressekonferenz hinzu, wobei er den einhelligen Tenor

aus der letzten Kabinettssitzung wiedergibt, es müsse endlich einmal gelingen,

in einer so umfassenden Forschungsangelegenheit

von internationaler Flügelspannweite schneller zu Lösungsansätzen zu kommen

als die auf dem Gebiet der künstlichen Intelligenz führenden Nationen

Japan, China und die Dominikanische Republik.

Man sei bereits auf einem vielversprechenden Weg und rechne noch im Laufe

der aktuellen Legislaturperiode mit ersten Ergebnissen.

Uneinigkeit bestehe lediglich noch in einigen Details bezüglich der Vorgehensweise,

wie die Singvögel davon überzeugt werden können, aus Klimaschutzgründen künftig auf ihre Reise nach Afrika zu verzichten.

Hoffentlich nur ein Traum

Warum essen wir unsere Kinder auf?
Sind Schmetterlinge nicht schön genug?
Gleiten Libellen nicht elegant übers Wasser?
Machen die Sperlinge zu viel Lärm?
Oder duften die Rosen nicht mehr?
Wie können wir zusehen und ruhig schlafen dabei?
Was ist, wenn der Hunger zurückkommt?
Wohin starren wir dann zuerst?
Fangen wir wieder an zu zählen?
Rufen wir wieder: „Ich komme"?
Segeln wir über Ozeane und Riesengebirge?
Gehen wir nachts noch im Wald spazieren?
Die Nachtigall gibt sich so viel Mühe.
Sie singt auch am Tag, wird aber vom Krach übertönt.
Der Blutmond ist eines der wunderbarsten Zeichen am
Himmel.
Der Blutrausch ist eines der abscheulichsten Zeichen auf
Erden.
Hoffentlich erfrieren die Schmetterlinge nicht.
Wenn etwas langweilig wird, muss die Dosis verdoppelt
werden.
Dann schauen alle wieder hin.
Nur Rosenduft ist nicht mehr interessant genug.
Eins, zwei, drei, vier, Eckstein, alles muss versteckt sein.
Vielleicht schlafen wir gar nicht so ruhig wie wir denken.
Wir tun nur so, wälzen uns in Wirklichkeit aber in
unseren Tränen.
Die Kinder fehlen uns so sehr.
Hätten wir sie doch bloß nicht aufgegessen.
Aber das hat uns doch keiner gesagt, keiner gesagt.

Bald ist Mondfinsternis; dann schauen alle wieder hin.
Solange wir nach oben blicken, sehen wir keine Kinder.
Die sind nämlich kleiner als wir und trauen sich auch nicht,
nachts im Wald spazieren zu gehen.
Die Geräusche sind fremd geworden.
Kaum verständlich, viel zu laut, die arme Nachtigall.
Sie gibt sich so viel Mühe beim Singen.
Früher haben die Kinder ihr gerne zugehört.
Doch jetzt sind beide nicht mehr da.
Der Gesang wurde aufgegessen
und die Kinder segeln über den Ozean.

Eine fromme Bitte

Erzeige deine Herrlichkeit, Wahrhaftigkeit und Treue.
Neige dich in Glanz und Licht herab zu uns aufs Neue.
Belebe uns mit deinem Blick, gib Weisung durch dein Wort.
Beschütze und bewahre uns, du ewig treuer Hort.

Wo bist du?

Suche die Hoffnung im Nirgends,
woanders wirst du keine finden.
Suche den Frieden im Nichts,
ansonsten wirst du dich schinden.

Die Jagd wird nicht vergeblich sein,
der Weg ist schließlich das Ziel.
Und wenn du an den Abzweig kommst,
beginnt ein neues Spiel.

Suche das Glück im Zufall,
bestimmen, das wird nicht geh'n.
Suche Freiheit in der Freizeit,
der Eintritt kostet zwei Euro zehn.

Die Jagd wird nicht vergeblich sein,
solange die Kugel sich dreht.
Und wenn du vor dem Abgrund stehst,
ist es vielleicht zu spät.

Nebelgeister

Geisternebel durchschwirren die klirrende Klarheit kalter
Gedanken
bringen Wahrheit verwirrend und irrend behutsam ins
Wanken
umschweben und kleben sich fest im Gespinst feiner
Ranken
geschoben enthoben verwoben in finstere Schranken

Strahle Gesicht traue nicht spürst Gewicht bevor ein
Gericht dich zerbricht ohne Licht

Nebelgeister gestalten gebärden gewöhnlich sich gütig in
glanzvollem Grauen
Erinnerung erst an den Quellgrund ruft Hilfe und sucht
nach Vertrauen
doch wenn es zu spät ist die Lügen der Geister zuletzt zu
durchschauen
entflieht das Bewahrte im Nebel des haltlos und trübselig
Lauen

Strahle Gesicht traue nicht spürst Gewicht bevor ein
Gericht dich zerbricht ohne Licht

Erwachen

Was singt der Vogel so traurig
im Winter sein altes Lied:
„Ach, käme doch endlich der Frühling
und die Kälte wäre besiegt.
Die Flügel könnt ich ausbreiten,
erheben mich in die Luft,
genießen die Sonnenstrahlen
und lieblichen Blütenduft."

Oh Vöglein, du musst wohl noch warten,
der Winter umklammert uns fest.
Musst ausharren noch eine Weile,
bevor du dein Nest verlässt.
Wie lange noch? Wer kann das sagen,
das weiß nur der Herr allein,
der über uns wacht bis das Eis taut,
bis alles dann neu wird sein.

Schlusswort

Es wurde schon genug gesagt,
genug gefragt, genug geklagt.
Jeder konnte es doch hören,
wenn er es denn wollte.

Es ist durchaus etwas gewagt,
sich neu erstarkt und unverzagt
auf schmale Pfade einzuschwören
die man meiden sollte.

Manch einer wurde fortgejagt,
was an den Kräften zehrt und nagt.
Wer würde sich nicht daran stören,
dem man Undank zollte?

ENDE

Der Autor

Thomas Korell ist schon lange verheiratet, hat sehr viele Kinder, hat sehr viel studiert, sehr viel gesehen und erlebt, hat kürzlich sehr viel Zeit gehabt und sich sehr viele Gedanken gemacht.

PS: Er wandert sehr gerne.

Die Gedichte und Geschichten entstanden zwischen Mai und September 2020.
Ausnahme ist „Die kürzeste Fabel", die aus der Feder seines Bruders stammt und schon wesentlich älter ist.

Ein großes Dankeschön geht an alle, die in irgendeiner Weise an der Entstehung dieses Buches beteiligt waren.

Zeitfracht Medien GmbH
Ferdinand-Jühlke-Straße 7
99095 Erfurt, Deutschland
produktsicherheit@kolibri360.de